竹籬、長巷與麵疙瘩

高雄三軍眷村憶往

劉治萍、繆正西 合著
郭聖華 繪圖／攝影

謹以此書
獻給我們的父母
以及一起生活成長的眷村兄弟姊妹們

▲ 郭聖華／攝製

許序

國軍眷村曾是臺灣歷史發展中，重要的安定力量；但如今在社會急速變遷下，傳統老舊眷村卻也隨著改建而逐步凋零！

個人過去在國防部、退輔會服務，業務皆與眷村發生關係；不論現役軍人同袍、軍眷、國軍子女，以及榮民弟兄、榮眷、榮民子女等，都是我服務的對象。因此，對於國軍眷村，我自有一分親切與難以割捨的情感。

▲ 許歷農上將　贈筆

今日，身為榮民子女的劉治萍女士與繆正西博士，以「知天命」之齡，合寫《竹籬、長巷與麵疙瘩——高雄三軍眷村憶往》一書，回憶高雄市大寮、左營、岡山等三區，涵蓋陸、海、空三軍眷村生活點滴，為時代留下印記與註腳，並乞序於我；我僅就個人認識，向大家介紹：

兩位作者，分別出生成長於大寮的陸軍宣武新村、岡山的空軍院內村；年少時，兩位都有過克紹箕裘的從軍壯志。劉女士是高雄女中的高材生，欲投考政戰學校，但因體檢身高受限未如願；繆博士國中畢業，曾報考中正預校第三期，但亦因體檢因素，視力未達空軍標準，僅獲錄取為陸軍預備生。兩位因而未走入軍旅人生，殊堪可惜；否則，我長陸軍官校與政戰學校任內，或許能有師生情緣。

不過，兩位後來也都成為為國育才的良師，同樣貢獻國家；這一方面，也足以令人欣喜。兩位皆習文學，一為文學碩士、一為文學博士；也都以其專業，寫下國軍眷村的歷史詩篇，留諸後世。個人僅祝福成名山之業，使國軍眷村故事，百世流芳。

繆博士國中時代，就曾以「全省家庭計畫徵文」獲國中組佳作，高中連續蟬聯三年全校作文冠軍、大學也得過「中興湖文學獎」；劉女士的寫作，據云乃因繆博士的引導。而兩位以往也曾是各大報的副刊作家；是以文筆流暢，能有感人之作。讀者自可細讀，慢慢品味。

繆博士考取大學於成功嶺集訓時，曾獲「清寒優秀學生蔣總統獎學金」；當時，我在國防部受命代表前往頒發獎學金，是我初識繆博士之始。後來，他留學韓國期間，獲得「王廣亞留韓學生獎學金」，全數捐出作為「留韓學生急難救助基金」；當時，我在退輔會也請《榮光周刊》報導過。繆博士留韓期間，寒、暑假返國，也參加過退輔會的榮民子女活動，並擔任過志工；所以，我對他稍微熟悉一些。繆博士、劉女士都是出身士官家庭，而能刻苦力學，努力上進；當也是榮民子女的模範，可激勵我後起之秀啊！

鳳山、大寮、左營、岡山地區，也是我以往跑過的地區；雖說我年紀稍大，並不能記得所有眷村，但人情卻歷歷在目。臺灣今日的繁榮，自是以往全體人民的辛苦所締造；國軍眷村也扮演了重要角色。「犧牲享受，享受犧牲」是經國先生的名言，也是以往國軍眷村可見的故事；今日重溫舊夢，還希望讀者能悟出更大的道理，開創出自己與國家光明遠大的未來。如果說我有什麼期盼，那這就是我對這本書，最深、最深的期許了！

許歷農　民國一〇三年四月序於臺北

目次

許序 5

舒眷餘情

前言 15
緣起 18
長巷 20
小院 23
麵疙瘩 26
槓子頭 29
澡盆船 32
浴缸裏的小老鼠 34
星空下的晚餐 37
廣場電影院 40
鬼洞歷險記 43
屋頂上的黃金 46

狗來富　49
傳承　54
國旗　57
菜市場　60
過年　64
童玩・飛揚的童年　69
歸鄉路迢迢　74
族群大融合　78
軍民一家親　81
心中迴響的歌　85
老兵不死　90
緣落　93

左營浮光

前言　99
左眷印象　101
崇實新村的臺灣女孩　104
我家是城門　107
明德新村　112

左眷不一樣 117
海軍子弟學校 120
左眷明星 124
海上長城 127

夢憶岡山

前言 135
豆瓣醬傳奇 137
明星之鄉 141
陳伯伯 145
傅家館子 148
李家羊肉 151
岡山空小 154
崗德村 158
健鷹村 161
院內村 165
查戶口 170
光復新村 173
二高 176

正氣村 180
致遠村 183
趙伯伯 186
醒村 189
樂群村 193
勵志村 197
欣欣市場 202
新生村 205
康樂村、自強村 208
實踐新村 211
貿易十村、大鵬六村、大鵬九村 214
成功村 218
防空洞 223
領眷糧 226

往事如煙

淺談關於被保留老舊眷村的一點想法 231
跋——心安之處，便是吾鄉 244

舒眷餘情

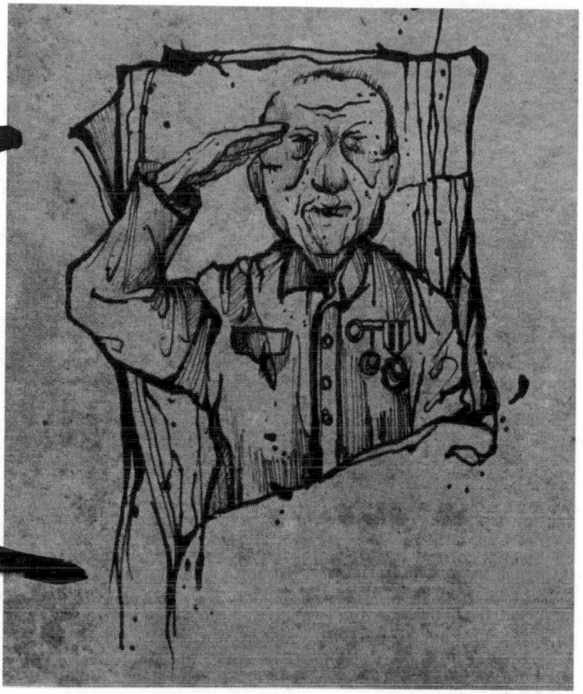

郭聖華/繪圖

緣起
1.長巷
2.小院
3.麵疙瘩
4. 槓子頭
5. 澡盆船
6. 浴缸裡的小老鼠
7. 星空下的晚餐
8. 廣場電影院
9. 鬼洞歷險記
10.屋頂上的黃金
11.狗來富
12.傳承
13.國旗
14.菜市場
15.過年
16.童玩・飛揚的童年
17.歸鄉路迢迢
18.族群大融合
19.軍民一家親
20.心中迴響的歌
21.老兵不死
緣落

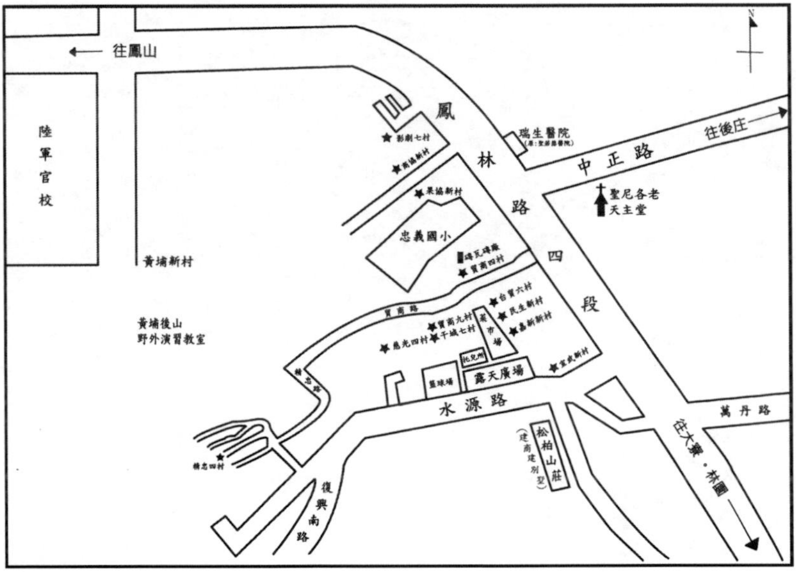

▲ 陸軍大寮眷村圖／郭聖華繪製

前言

今天的「鳳山」原名「埤頭」。清代原名「鳳山」之地，乃清康熙六十一年，鳳山知縣劉光泗，於「興隆莊」（今高雄市左營區），所築之「鳳山縣城土城」。

乾隆五十一年，「林爽文之變」陷城，守軍戰死、知縣與典史亦殉城。乾隆五十三年，福康安將軍奏准，另築新城於「埤頭街」（今高雄市鳳山區）；嘉慶十年，新城因民變又遭攻陷。嘉慶十二年，福州將軍賽沖阿奏准將鳳山縣治遷回舊城，未行。道光三年，新城再因民變又遭攻陷；縣治遷返舊城之議再起。

道光五年，經臺灣府知府方傳穟、鳳山縣知縣杜紹祁，採「官捐民輸」方式，方行；至道光六年，舊城改建完工。由於，新城市街商家不願遷回舊城；是以形成「行政的舊城，商業的新城」現象。

日據時期，鳳山因鄰近高雄市區而成衛星城鎮。民國三十年（日本昭和十六年）十二月八日，日軍偷襲美國珍珠港成功，引爆「太平洋戰爭」；日軍始積極建設鳳山為軍事基地，以符「南進」

需要，如：臺灣陸軍貨物廠（臺灣陸軍倉庫）、陸軍官舍、鳳山海軍無線電信所（高雄通信隊）、兵器補給廠、輕油倉庫、航空燃料倉庫等，並駐有步兵第四十七聯隊四十八輜重兵連隊。

民國三十四年，臺灣光復，日軍設施全由國軍接收。民國三十六年十月，「初設南京香林寺的陸軍訓練司令部人員，由參謀長唐守治將軍率領，自南京赴上海搭乘輪船來台，在基隆登陸後，轉抵鳳山陸軍官校現址的營區。十一月三日，陸軍訓練總司令部正式遷至鳳山」；九日，孫立人將軍來鳳山，以原「日本陸軍官舍」，規劃為「陸訓部」來臺後的眷村——「誠正新村」（國軍在臺第一個眷村），次年設立「誠正學校」，以解決幹部子女教育問題。

民國三十八年，國民政府自大陸遷臺；民國三十九年，「陸軍官校」於鳳山復校（原「日步兵第四十七聯隊四十八輜重兵連隊隊部」），「誠正新村」更名「黃埔新村」。隨後，「陸軍步校」（原兵器補給廠）、「衛武營區」（原「日陸軍鳳山倉庫」）、「海軍明德訓練班」（原「日海軍無線電信所」）、「中正預校」（原「輕油倉庫」）等國軍訓練單位，亦選設鳳山；眷村如雨後春筍般設立。

鳳山的國軍眷村，計有：接收自日軍的「陸軍官舍」（黃埔新村、黃埔一村、黃埔二村、協和新村及染整新村等）、五甲新村、實踐四村、海光四村、慈暉新村、憲光新村、工協新村、實踐新村；而延伸至大寮的眷村，則有：影劇七村、商協新村、果協新村、貿商四村、台貿六村、民生新村、嘉新新村、宣武新村、干城七村、貿商九村、慈光四村、精忠四村等。整體而言，大寮眷村也是鳳山眷村不可分割的一部分。

緣起

許多年前，我打算寫一篇有關眷村生活的文字紀錄。雖然身在大都會區的臺北，我仍彷彿候鳥似地，必定於寒、暑假帶著兩個孩子回故鄉高雄；但在夢憶中、沉思裡，眷村的長巷、小院，以及麵疙瘩、槓子頭……卻未隨年歲磨滅，而時時浮現出來。

有個要好的同事，無意中得知她來自於高雄市左營區海軍眷村，我如獲至寶地約她茶敘，訪談有關海眷生活的點滴。至於空軍眷村嘛，曾有一個同學帶我去他家，空眷生活的酸甜苦辣，從他守寡多年的母親口中，和觀察前門通到後門的泥土地板、透風牆壁的房屋設計，一切都盡在不言中了。

我來自一個陸軍退役士官長的家庭，海軍、空軍眷村的生活縮影也有了藍圖。然而，我卻遲遲未提筆；這一擱置，又是匆匆十年。是怕寫得不夠客觀嗎？是怕文字不夠深刻感人嗎？還是怕澎湃的激情，會讓自己決堤無法自抑？近鄉情更怯，就這樣一天又一天，我放任自己的情思，日日夜夜啃囓著我的心；有一點兒痛、有一點兒難受，但我又故意讓自己假裝遺忘了這一件事。

眷村拆光了，我的兒時記憶全然連根拔除了；我變得好害怕回家，害怕看到那一大片廢墟。這一回，我是真的痛到跳了起來！我不甘心，我再也不喜歡自己如此沒有知覺地活著，我想再多撿拾幾片記憶的碎瓦，盡可能地把它們拼湊出一些眷村生活的樣貌；我不知道自己是否很癡、很傻……

▲ 眷村最具特色的長巷建築

長巷

從高雄市鳳山區「陸軍官校」旁的「黃埔眷村」群，一路沿著鳳林路向南行，你可以看到一大片陸軍軍眷的房子，村連著村，巷接著巷。靠近鳳林路省道往大寮、林園的大馬路邊，若你騎車慢慢地走，必會發現一個個牌樓似的眷村名號，配著鮮豔招展的國旗，矗立在你眼前；它們是：影劇七村、商協新村、果協新村、貿商四村、台貿六村、民生新村、嘉新新村、宣武新村。而稍遠離鳳林路，轉進水源路再深入這片陸軍眷舍內部，環繞著呈四方區塊的一大片傳統市場，及一所專為陸眷子弟就學方便，於民國五十四年十月籌設的「忠義國小」，則分別還有干城七村、貿商九村、精忠四村，以及眷村內唯一四層樓公寓式建築的慈光四村。這些村落，一排排相對而立；而每家每戶的後間，又幾乎相碰相連，有時連防火巷和水溝蓋板，幾乎都被加蓋到找不到了。每個村動輒兩、三百戶，甚至多到七百餘戶；唯有陸眷最尾巴的「宣武新村」最最迷你，僅有一百二十四戶。而我家的門牌號碼便是：大寮鄉光武村宣武路一一一號。

眷村是個人口眾多，熱鬧卻不複雜的大家庭。每村遴選一個在軍中服役時職級較高，為人熱心又和氣的「伯伯」出任鄰長。在我的成長記憶中，我們這村的鄰長伯幾乎是「終身職」，沒有人想要撤換他；大概是他服務的績效不錯，鄰居間的小小糾紛也調停處理地讓大家心服口服吧！鄰長之上，約三至五村設有一個「自治會」會長；遇有重大事宜，各自治會會長便齊集開會，做反映下情和宣傳上面決策的橋樑工作。

宣武新村只占兩條巷道，若與緊鄰的其他眷村，動輒二百、三百，甚至七百多戶來相比，可真是最袖珍而簡單的「小村」了！我家的門牌號碼是「一一一號」，是那悠長巷道中的巷尾人家。村子裡的伯伯和媽媽們（我們習慣稱鄰居的阿姨和大嬸為「張媽媽」、「李媽媽」……等）總喜歡在午後搬出小椅子，在自家大門前的巷弄問坐著聊天，或是趕做手工副業；每當我背著書包放學回家，或是拎著行李回鄉，只要一走入巷道裡，就會一路「馬媽媽好」、「林伯伯好」、「楊伯伯好」、「高媽媽好」……地問候下去。你也許會覺得很不可思議，也可能會問我說：「每天這樣做，難道不覺得煩、累嗎？」眷村的孩子從小便是如此，鄰居間極為熟稔；若是哪家的孩子禮貌不周，孩子還未走到家，父母早就得到通報，準備好棍子伺候了。

長巷是親切溫暖的，長巷也是冷漠無情的。當我走過這條長長的巷子時，正面迎來的是溫馨的問候寒暄，背後卻隨即傳來論長道短的竊竊私語。

記得我在高中通勤時代，升學的重擔讓我挺不直腰，身子骨又矮又瘦；考試的壓力也讓我每天只睡四至五個小時，臉上的青春痘、面皰等遍布不均。在我前方的伯伯、媽媽們笑瞇瞇地對我說：「『省女中』的孩子真會念書，又有氣質！」然而才剛遠離他們，卻又清楚地聽到議論著：「瞧她滿臉豆花，真是難看呀！真不曉得劉太太是怎麼照顧女兒的！」我的內心如洗三溫暖，說不出的辛酸只能往肚裏吞。

也許是從那時候開始，我學會不輕易向別人示好，也不慣於對人吐苦水。「人窮志不窮」的庭訓，讓我發憤苦讀，期待有一天能讓所有的人對我家刮目相看。

我常常在想，其他所謂「本省人」大庄的長巷，是否也有如此的世態炎涼，人情冷暖呢？

▲ 我家四時花開的小院

小院

早期眷村的房子，幾乎都是二、三十家「一條龍」似地相連在一起。低矮狹窄的平房前面或後面，通常會讓我們奢侈地擁有一個小小的庭院。

我家的小院在房子前面，童年時許多美好的回憶，小院就占了大半。爸爸是個勤勞儉樸，又不愛說話的人；退役後，他每天在菜市場忙了一上午的小攤生意後，總會小睡片刻，然後又開始在小院裏忙東忙西了。民國五十多年時，桶裝瓦斯尚未普及，價格又太高，爸爸到鋸木廠撿些形狀、材質不佳的廢棄木塊，用來生火煮洗澡水。小院被木柴堆占了一半；有時下雨打濕了，天一放晴，爸爸就忙著把木柴搬到陽光底下曬乾。我們五個兄弟姊妹，有時會被爸爸叫來，一字排開，用「接力傳棒」的方式，一根根、一塊塊地傳給爸爸鋪排在地上，我們邊傳邊說笑，彷彿在玩遊戲似地。

小院裡沿著水泥牆邊，種著四季分別開花的植物，有：九重葛、玫瑰、桂花、茉莉、梔子、曇花、蔥蘭、雞冠花、石蒜花和石榴。愛花成癡的爸爸，每天下午一鋤一鋤地墾地、撒種、除草、施肥；在我的印象中，爸爸從未叫我幫忙過花木的整理和澆水工作，至於爸爸常說「男孩子就要多出勞力」的兩位弟弟，是否有被喊去幫忙，我可就不知道了！爸爸也曾因颱風過後，菜價漲得離譜時，試種些小白菜、空心菜和蔥等；但後來嫌照顧不暇，還是選擇多種些漂亮的花，讓家人有個美麗的小花園可以休憩。

爸爸最愛桂花。他常說在大陸廣東蕉嶺老家的四合院裡，大量栽植的桂樹，每到秋天花開時，整個四廂宅屋裏，都瀰漫著清清淡淡，有如牛奶香的桂花味兒。進門正堂供桌上，「太婆」（就是我的曾祖母，爸爸的祖母；客家話稱「曾祖母」為「太婆」）總會掬一把初開的桂花，盛在淺盤上，敬拜祖先神靈。每當爸爸看著清馨的桂花，述說這段往事時；我讀懂了在他眼神中，深邃模糊的鄉愁。

你看過半夜裡曇花偷偷綻放的那一剎那嗎？每年夏天曇花悄悄露出青綠色大花苞時，我們全家總會引起一陣小小的騷動。弟弟們數天來張羅儲備的零嘴點心，就為了在那一夜的守候中派上用場；媽媽準備著冰糖，期待摘下乍然盛開的曇花，煮一大鍋養顏退火的「曇花茶」給我們飲用；姊姊會幫爸爸翻箱倒櫃，找出塵封以久的老爺相機，讓自詡為「攝影大師」的哥哥，捕捉下曇花最可人的鏡頭。至於我最重要的工作，就是不能讓「渴睡」的眼睛閉上；因為曇花總是讓我們大夥兒苦苦等待，直到大家的耐性快被耗盡的凌晨二、三點，才驚豔的翩然綻放。「開了！開了！快醒醒，再不趕快看就謝囉！」爸、媽手忙腳亂地把我們從半夢半醒之間挖了起來；一整夜的癡癡盼望，就在香香甜甜的「曇花茶」中畫下句點。

麵疙瘩

眷村裡的媽媽們挺會做麵食的；可能是多數來自大陸北方各省的叔叔、伯伯們，來到「蔗米之鄉」的臺灣，不習慣天天吃米飯吧！因此，三天兩頭地總要弄個包子、饅頭、麵條、烙餅什麼的來祭祭「五臟廟」，才不會覺得「吃不來」吧！

民國五、六〇年代，眷村裡無論是現役或退役眷戶，每月各戶都會配領到一些麵粉或麵條；可是，我的爸爸是廣東人、媽媽也是江南人，都不大會烹煮麵食。傷透腦筋的爸、媽，有時只好低價賣出這些麵製品；有時，媽媽也會不恥下問地四處求教——如何做出簡單又好吃的麵點。

我最喜歡媽媽做的蔥油餅，因為有香脆的豬油渣和又多又綠的蔥花；香香酥酥的飽足感，讓我開始愛上了麵食。姊姊常嚷著要媽媽包豆角餃子；胖胖飽滿的大餃子，吃一個足抵外面市場上的三個水餃。多年後媽媽笑著透露：那次福至心靈地大膽用長長的四季豆角來包餃子；純粹是因為豬肉太貴，其他適合做水餃內餡的高麗菜、韮菜和韮黃也不便宜，就試著用較低廉且量足的豆角來包。沒想到一試就成功，豆角餃子就此成了我家餐桌上的常客。

爸爸最愛吃媽媽用黑糖、老薑熬煮的熱濃湯，上面載沉載浮著點點白白的麵片。我不習慣吃甜的麵點；爸爸津津有味地述說——家鄉人喜吃黑糖麵疙瘩，那QQ的嚼勁，在齒頰間令人回味再三。我聳聳肩，不予苟同；但卻偷偷地想起同村「一二三號」為人豪爽的「沙媽媽」來。

沙伯伯家有七個孩子，最大的女兒過繼陪伴著年老無依的外公、外婆。沙媽媽做事勤快又俐落，她可以一邊縫手套（家庭手工副業貼補家用）、一邊打麻將；還常常四處打打零工，多賺些孩子們的奶粉錢。沙媽媽古道熱腸，村裡媽媽們的瑣碎難題，只要去找笑聲宏亮的大嗓門沙媽媽，保證立刻迎刃而解。媽媽常說：我們這條巷子裡的許多小孩，都是沙媽媽半夜裡接生下來的。家家戶戶，除夕前忙灌香腸、端午前忙包粽子，都可以看到沙媽媽熟悉的身影穿梭其中；還有我家愛吃的包子、餃子、蔥肉烙餅等，也都是沙媽媽不厭其煩耐心傳授給媽媽的。

讀小學時，記得不只一次我和兩個幼弟中午放學回家，將近一點了；爸、媽因市場上「敗市」（即生意不好，東西賣不完之意），尚未收攤回來。我們三個孩子在家門口饑腸轆轆地曬著太陽苦等；沙媽媽若是從敞開的鐵門看到我們，必定會趕緊帶我們到她家裡，端出一大鍋有菜、有肉、有湯的「麵疙瘩」來，讓我們一碗又一碗地吃到飽為止。當我們打著飽嗝，賴坐在軟軟的黑皮沙發中快要睡著時；媽媽就會適時來尋找我們，千謝萬謝地牽我們回家。

沙媽媽怕已懂世事的我多心，再三說：她們家中午大約都是如此簡便地吃食，並非偏心拿較差的食物給我們吃。其實憨傻的我十分知足；父母連袂來臺無親無故，我們兄弟姐妹從來沒有見過爺爺、奶奶，鄰居長輩給予我們的涓滴溫暖，直到今天仍懸念在我心頭，豈有嫌棄之理呢？

也許你會問沙媽媽後來好嗎？不，一點都不好；老實說我的心窩裡頭一點兒都不好受！沙媽媽在我到彰化讀大學的那段日子裡，有一天夜裡喝下大量的農藥自殺了！

有人說她欠了許多賭債；有人說她的娘家要為撫養了她的大女兒來分討財產；也有人說沙伯伯對她不好，常打她罵她……究竟真正是什麼原因，街頭巷尾議論紛紛。我從學校裡回來聽聞此事，整個人怔呆了許久！

生性開朗的沙媽媽，用如此剛烈的方法了結自己；我想：她心裡頭，一定是埋藏許多說不出來的苦痛吧！

沙媽媽——妳為大家帶來這麼多的歡笑和溫馨；為什麼不讓大夥兒分擔妳一點點的憂與愁呢？為了妳的驟逝——沙媽媽，我再也不願吃麵疙瘩了，妳知道嗎？

槓子頭

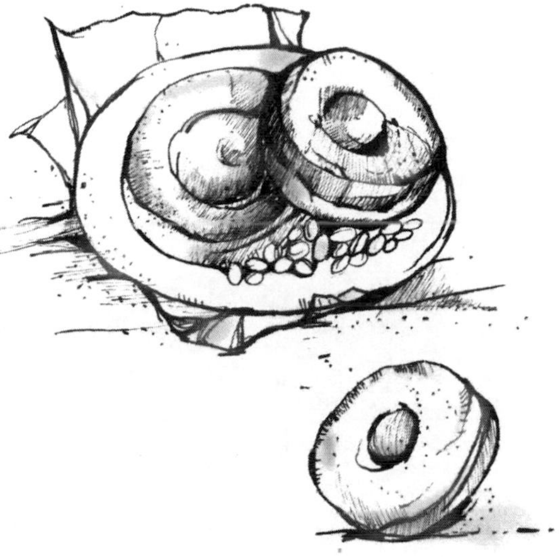

▲ 槓子頭／郭聖華繪製

槓子頭硬硬的、紮紮實實的，是大陸北方特有的麵點主食。

臺灣眷村，地域上是分別來自大陸大江南北各省分，而成員則包含著：各軍種、各階級現役與退役軍人的眷戶。在我們數個新村的「聯合傳統市場」裡，各種北方麵點——從早餐的包子、饅頭、花捲、燒餅，到中、晚餐的牛肉麵、炸醬麵、刀削麵、餡餅、水餃，以及點心、宵夜的槓子頭、窩窩頭、韭菜盒和開口笑等；真是花樣百出，吃也吃不膩。

「宣武新村」在整片「大寮眷村」群中，屬

最尾巴又最迷你的一個小村子；隔了一條兩線道的水源路，便和另外一條綿延至同市林園區的本省大庄相鄰。小時候，也不知為了什麼，本省和外省小孩互相仇視敵對，父、母親不准我們和本省小孩說話、做朋友；想探問原因，爸、媽和村中的長輩竟很有默契地一律封口不說。

小學時，眷村有自屬的小學，我們沒有機會和本省小孩一起玩。有時候不小心在上學途中碰到他們，我們會馬上團結起來，罵他們「臺灣豬！」而本省小孩也會用臺語「死潑猴」地對罵過來；並開始互擲小石頭，儼然一場內戰要開打了。小時候的我個子又瘦又小，最怕這種暴力打架的場面；但我更沒有勇氣逃走，因我怕日後眷村小孩會罵我是「漢奸」、「賣國賊」而孤立、排擠我。此時的我，常瑟縮在角落裡偷偷祈禱，希望有兩方的長輩趕快來阻止驅散。老天爺真疼我，每次我的祈禱都應驗，並及時避免了更多的流血、傷亡。

上了國中，本省和外省孩子不得不編排在同一班上課。剛開始時，我們會刻意區隔開來，井水不犯河水。時日一久，我們發現對方有我們所欠缺的優點才華，不知不覺就愈靠愈近，最後終於融洽地玩成一片了。學校裡上課和交談規定要用「國語」，私底下我們卻對「閩南語」十分好奇；我的本省籍同學，教了我許多常用的閩南語，我不敢在父母、家人面前獻寶，只有努力多聽、多默記。有幾次在市場上，幫忙爸爸看顧攤子時，不小心秀出我的生硬閩南語向顧客問候道謝；此後便有愈來愈多的本省籍媽媽們，來買我家的豆腐了！

我的本省籍同學對眷村的「槓子頭」反應最為極端。有人能接受它的香韌且有嚼勁，也有不少人嫌它太硬、味道不夠甜。他們也說：眷村的「開口笑」好像本省過年常吃的「發糕」；開口笑的麵皮有揉入些許桂圓的香甜，甚至比發糕更好吃。「窩窩頭」是用小米做的，甜甜鬆鬆的，造型像個空心的半圓碉堡，當作下午的點心茶點恰恰好。我最記得槓子頭的味道；因為有時媽媽忙累到無法為我準備便當，我就會在上學途中，買兩個槓子頭，充做午餐食用。

我才不管同學們喜不喜歡我的槓子頭呢！槓子頭於我，自有一分特殊的「革命感情」。每當我靜坐一旁，慢慢地細嚼慢嚥我的槓子頭時，同學們絕不會來打擾分食我的午餐；我也會用鼻子、用口、用腦子，以及用「心」去仔細體味它的微香和回甘的好味道。媽媽說：吃燒餅太燥熱，吃多了火氣大，嘴角易起水泡；至於槓子頭嘛，你大可以放心多吃幾個，保證絕無「副作用」喔！

▲ 頂樓加蓋後的宣武老家

澡盆船

每年夏天颱風來襲時，我家一定會淹水。爸爸、媽媽為此可傷透了腦筋；但全家最樂的可能就是小弟了。

眷村房舍空間很小，每戶人家的孩子至少都是三個以上。為了增加生活使用空間，大家無不挖空心思擴充搭建；甚至不惜占用防火巷、水溝蓋板，疊層架屋，形成「違建處處、通行不便」的奇特景觀。也許就是每家都搭蓋出去，原來該有的水溝都被隱藏起來了；每遇颱風或豪雨季節，淤塞的水溝滿溢出來，垃圾穢物四處瀰漫、臭氣沖天，就形成眷村最為人詬病的髒亂現象。

每當大雨日夜綿密地下了超過兩天，爸爸、媽媽就立刻把家中易潮物品，往樓上搬移。哥哥、姊姊力氣較大，會主動幫忙接力傳送；我和大弟則在庭院中，用水桶、畚箕、掃把，一桶、一桶地把逐漸淹至膝蓋高的水往外倒。滂沱大雨還持續下著，家裏的螞蟻早就全窩遷居到別處了！我家養的土狗「來福」也聰明地趴躺在樓上，嘴巴開開，伸出舌頭，呵呵地笑看著團團轉的我們。

記憶中有一年的風狂雨驟（倒忘了是哪個颱風阿姨的傑作），當時小弟只有四歲，我們六個人忙得忘了時間、忘了飢餓，也忘了小弟的存在。突然，前院旁早已搬空的爸爸房間裏，傳來一陣「白浪滔滔我不怕，掌起舵兒往前划。撒網下水把魚打呀，捕條大魚笑哈哈……」的歌聲。我猛一回頭，只看到幼弟坐在一個塑膠澡盆中，拿掃把當作槳，開心無憂地划起小船來。

爸、媽當時並沒有責備幼弟，我卻噗嗤地笑了出來。我好羨慕小弟呀！真希望我也能把水桶，自又瘦又疼的手中放下；和弟弟坐上那艘小船，划出淹水的庭院，划向汪洋一片的村子廣場，讓自己暫時忘掉眼前一切的不如意。

浴缸裏的小老鼠

我極怕老鼠，其實是有原因的。

早期眷村的房子是泥土混合稻草和竹片蓋起來的；在我九歲那年的除夕夜，我家這條巷子發生了一次凶猛的火災。「祝融」從巷頭連排燒到巷尾，我家是巷尾最後一間，幸運地只燒了一半，大火就被撲滅了。那次過年，我第一次嘗到無家可歸的滋味。

軍中袍澤的感情是很深厚的。大火驚動了國防部眷管處，過不了幾天，還在農曆春節的休假期間，眾多的「阿兵哥」即犧牲假期，用大卡車載來一包包的水泥和紅磚塊，個個挽起袖子，在原址、原地為我們重新砌蓋房子。感覺上好像仙女用魔棒輕揮一點那麼迅速；不久，大夥兒就開開心心搬進磚造的新房子了。我們十分感恩；唯一美中不足的是：天花板仍然使用三夾板夾層。

我家因為批賣豆腐，爸爸不敢養貓，擔憂貓兒和牠的朋友們，會從休憩的牆頭上跳下來踩壞豆腐；因此我家的老鼠，總是快樂又囂張地夜半在天花板夾層中開起「運動會」。我們氣恨地咬牙

▲ 老爸的豆腐王國

▼ 爸爸自製的機器吊臂

切齒，卻也無可奈何；只有在我家的寶貝狗「哈莉妹妹」，偶爾叼來一隻鼠哥鼠弟在我們面前炫耀時，全家人才有揚眉吐氣的感覺。當然，哈莉妹妹會因此得到一頓豐盛的大餐作為犒賞囉！

我們家人最愛泡澡，有一天晚上約九點左右，我終於輪到可以享受泡澡的時間了！注滿一缸的熱水，氤氳的水蒸氣讓我躺在浴缸中邊哼歌邊賴著不想爬起來；突然，在我的腳尖處「碰」地一聲，掉下來一團東西！我先抬頭看看水氣朦朧的天花板，再看看腳尖處。天啊！是兩隻粉紅色皮膚，眼睛尚未睜開的小老鼠呀！

在我一時之間還未能回過神來的時候，一隻超大隻、黑茸茸的老鼠媽媽，已從屋頂處接通下來的粗大塑膠水管中鑽出，跳進浴缸中，把兩隻奄奄一息的小老鼠，一次一隻地叼銜在嘴中；然後，又火速跑回天花板夾縫中。這前前後後發生的時間，不超過兩分鐘。

我差點兒昏了過去！幸好我還知道從浴缸中跳出來；幸好我還有一點點力氣喊大弟、小弟的名字求救。只不過弟弟們瞪著好大的眼睛，問我為什麼一絲不掛地衝出浴室時，我卻結結巴巴地說不出話來了！

▲ 愛種花木的老爸

星空下的晚餐

軍人出身的老爸，有時也是挺浪漫的。

眷村的房舍低矮狹長，幾乎透不進來一點兒涼風。每當燠熱難當的夏季黃昏時分，家家戶戶幾乎都打開大門；甚至大人、小孩端著飯碗，在門前小板凳上坐著吃飯。冷氣機的出現，對民國五、六〇年代窮困的我們來說，簡直就像天方夜譚。不論是紙扇、草扇，或是塑膠扇，差不多都是人手一把；而電風扇的開啟，在我們家大概只有到夜晚入睡時，才能享受到了。

生性拘謹的爸爸，不喜歡我們坐在門口吃飯。他覺得——那就像是「要飯」一樣的不體

▲ 母親（左）、姊姊（右）與我

面；所以，我家的晚餐，都是滿頭大汗、正經八百地全家人圍著大圓桌進餐的。爸爸從十四歲就做了抗日戰爭中的「少年兵」，人生大半的青春壯盛時期都在軍旅中度過；連他自己也不知道從哪兒學來的一大套規矩，竟一條一誡命似地在自己辛苦建立起來的小家庭中，歷久不渝地奉行起來！

這些嚴苛的家規，影響我日後的性格十分深遠。例如：吃飯必需全員到齊，才能開動；開動後夾菜的第一筷，必須是家庭中的最大尊長先動筷，小孩子是絕不可搶先的。進餐期間，不准說話、談笑；長輩碗中的白飯吃完，小孩子必須起身去幫忙長輩添飯。飯碗裏的菜和飯，必得全部吃光光，不准餘留、倒掉；用餐完畢，一家之主若尚未離席，小孩子是不可以先行離去的。全家吃食結束時，小孩子每個人都必須輪流分工，幫忙媽媽收拾、清洗碗筷、擦桌子，以及坐椅歸位。爸爸終生謹守的「一日不做，一日不食」家訓，讓我們五個孩子在每天用餐前、後，都像根小鐵釘似地，一一被強力磁石吸附著，各就各位地各司其職；這也讓團團轉得如陀螺的媽媽，因此有了五個最貼心、最得力的小幫手。

那一夜，不知爸爸是得到了什麼啟發？他竟然心血來潮，要我們把餐桌椅搬到前院來；就著星空、月光，在稀疏的葡萄藤下吃了有生以來，我最最難忘而開心的一頓晚餐。

我們點起兩根蠟燭，像往常一樣圍坐在一起。也許是浪漫的自然情懷漲滿了我們彼此的心靈；我們意興昂揚，不知不覺就忘記了所有的誡規。我們高聲談笑，搶奪別人筷中的魚肉；忘了幫爸爸添飯，還像飛出籠子的小麻雀，嘴裏一邊咀嚼，一邊又迫不及待吱吱喳喳地分享今天在學校裡發生的點滴趣聞。偶爾，有一、兩隻愛湊熱鬧的綠色毛毛蟲，因太專心傾聽我們的談話，而從葡萄藤架上掉了下來；我們興奮地驚呼連連，家人手忙腳亂地換湯又換菜。媽媽幾乎坐不穩十分鐘，接連好幾次起身張羅、善後一切。我不知道那一晚媽媽究竟有沒有吃飽？不過，我清楚記得那是她唯一一次，在全家人一起吃晚餐時，瞇著眼笑得最燦爛的一次。

只可惜，那也是我們家唯一而僅有的一次星空下的晚餐。我真該感謝有那麼一次的開懷經驗，讓我找到了自己日後建立家庭晚餐的最佳藍本。

▲ 眷村多功能的廣場

廣場電影院

眷村裡密密麻麻的人口，密密麻麻傾洩不出去的青少年旺盛精力；因此，在平均兩個村子就有一個籃球廣場上，得到了出口。白天，籃球場上是幼稚園兒童玩溜滑梯、青少年大男孩三對三纏鬥球技；女孩子也會在一旁玩：跳房子、踢毽子的好地方。到了晚上，大人們就霸佔住樹下的石桌、石椅，下棋、泡茶聊天、或說說歷史故事，應付孩子們的吵吵嚷嚷。

我喜歡在每晚飯後，假藉「倒垃圾」的名義，到廣場上散散步，吹吹清爽的徐徐涼

▲ 社交中心的村聯合廣場

風。夜空下，有時見到孤星伴月、有時則滿天星斗，時有蟲聲唧唧、時有雨聲瀝瀝。我悄悄地在心底愛上這夜間閒步；雖然只有一個人，卻覺得有大自然為伴，一點兒也不寂寞。

最害怕碰到外地來的小貨車，趁著夜晚涼爽時分到廣場來擺攤叫賣。許多婆婆、媽媽們，或牽著孩子、或懷抱孫子，拎張小凳子，心甘情願地到那兒聽訓，而且一聽就是兩個小時；然後，在疲勞轟炸、大腦的感知和判斷神經皆已耗弱的情況下，兩手便像機器人似地翻掏口袋裏的零用錢，恭恭敬敬地把錢遞了出去。等回到家裡，稍微清醒過來時，才發現帶回來的竟是一些劣質，而且並不實用的物品！

村子的聯合廣場聯繫著每一個村民的喜

怒哀樂；它不僅是眾人的社交中心，也是婚喪喜慶的公用空間。每隔一段時日，「自治會」會長便去租借些片子，就著籃球場旁的大片粉白圍牆，放起捲盤似的老舊國片，讓全村老小一起觀賞。例如：「梅花」、「英烈千秋」、「筧橋英烈傳」、「八百壯士」、「猛龍過江」……等，深情而難忘的影片；在當時臺灣南部鄉下電影院不多的年代，我們都可在「廣場電影院」上，既先進又豪華的享受到了！

「今晚廣場要放映電影喔！」同學們放學時，匆匆地口耳交傳著訊息。七點鐘不到，早已有不少人用一張張大大小小、高低錯落的椅子，搶先佔住了絕佳的地點位置。連鄰村的本省居民，也趁著夜色的掩護，偷偷湊近廣場的角落邊，津津有味地觀看著。

電影，拉近了我們每一個人的心。電影雖廉價，場子雖廉價；但我們熱愛生活的情感，卻一點兒也不廉價。

▲ 黃埔山丘與鬼洞

鬼洞歷險記

小孩，沒有不愛探險的，我也不例外；尤其是未經父母同意，夜探鬼洞的刺激大冒險。

有一年元宵恰逢周末，才吃完晚餐，孩子們都不約而同的催促著父母，要趕快把原先預備當作宵夜的湯圓，早早拿出來吃；並許諾爸、媽，吃完湯圓定會乖乖、早早地上床睡覺。大人們訝異著孩子今晚的順服、聽話，於是也就樂得沉醉在他們自己的方城之戰——打麻將了！十點的鐘聲剛剛敲過，一群孩子們觸電似地從被窩裏彈跳了起來，披上外套；然後，提著早已親手製作多日的牛奶罐燈籠，安靜而迅速地向籃球場集合報到。

▲ 近黃埔山丘的「精忠四村」，相傳那兒有個「鬼洞」

為首的是我的大哥；那一年他讀國二，身高已有一百七十公分，論年齡、論膽量、論出點子、論領導才能，他都讓我們村子裡的小毛頭佩服得五體投地。在外省和本省村落交接處的一大塊廢棄高丘上，原先有一片人工開挖、飼養的魚池；後來不知何故荒置了，四周錯亂蕪雜的竹林，更增添了那兒的詭譎氣氛。我們從前讀國中時，若選擇步行到校，穿過那片林地，即是最快的捷徑；但大多數人，都寧願繞遠路，走四線道鳳林路而行。因為傳說中，那兒有個「鬼洞」；每到深夜，四周野墳裡的靈魂會跑出來開會……

「我們到鬼洞去探險吧！」大夥兒面面相覷，誰也沒有想到大哥會出此嚇壞人的餿主意。不過，怕歸怕，大家還是心癢癢的躍躍欲試；尤其是我家那個年僅兩歲的小弟，也想來參一腳！眾人勸退小弟不成，又擔心他先跑回去父母那兒告密，只好協議要輪流牽緊他，互相保證能夠把他平安帶回家來；這趟驚天動地的「鬼洞大冒險」，才得以展開。

探險過程進行得無比順利。我們一行十餘個小孩，在鬼洞裡瑟縮圍坐著瞎掰鬼故事，接著在鬼洞四周玩著「鬼抓人」的追逐遊戲。當眾人的情緒駭到最高點時；「快十二點了，我們趕快回家吧！」大哥一聲令下，大夥兒揉著惺忪渴睡的雙眼，意猶未盡，心有不甘地排好隊伍；然後，大孩子牽小孩子，男生保護著女生，又是迅速而安靜的循原路回家了。

後頭的結局，你們大概都猜到十之八九了！各家各戶的爸爸、媽媽，早就發現了孩子的失蹤；一群大人像無頭蒼蠅似地打著手電筒，街頭巷尾的喊著、覓著。當我們列隊快走到村子裏時，眼尖的孩子就率先脫隊奔跑回家了！然後，半小時內，各家都飄出此起彼落的「竹筍炒肉絲」聲音；再然後，一小時後，各家都熄了燈火，大人、小孩都疲憊不堪地睡去了。

▲ 大弟與小弟在樓頂陽台

屋頂上的黃金

早年眷村的房子，幾乎都是一棟一戶的磚瓦平房，很少有公寓型的高樓層建築；更別說在自家樓頂上，能有個寬敞的平面大露台了！我家因位在巷尾的邊間，由於製做豆腐的需要，爸爸自掏腰包，占用了三分之一巷道，蓋起一棟兩層的鋼筋水泥房舍。樓下一半是放石磨、煮漿機和一百餘塊豆腐板子的大廚房；另一半使用空間，則堆疊起約四、五十包粗麻布裝的黃豆。童年時的許多歡樂和痛苦回憶，都和那一包包的黃豆結下不解之緣。

每逢寒、暑假和周末天氣晴朗時，爸爸就會呼喚哥哥、姊姊，在九點鐘左右太陽開始熾烈的時

▲姊姊與我在樓頂

候，把兩、三包的黃豆搬到樓頂上鋪曬開來。爸爸告訴我們那是為了避免黃豆發霉長蟲，也是因為飽足了陽光浸潤的黃豆，做出來的豆腐會特別香甜好吃的緣故。我們五個孩子心知肚明，只要一曬起黃豆來，不但中午別想偷偷小寐一下；而且，從早上九點到下午四點收豆子的全程期間，小孩子不僅要輪流一人一個小時守候著，還要眼睛緊緊盯著天空中的雲朵飄到哪個方向去了！黃豆舒服地曬足了日光浴之後，究竟是否真會更好吃？我們可無從去比較、考查。不過，難得的周末、假期，就這麼硬生生被禁足在家中，也不能出去找同學玩耍；那種苦悶、鬱卒，至今仍深深烙印在心底。

誠如有人把石油比擬成「黑金」；因此，我家一包包的黃豆也可算是「黃金」囉！而且，這可還是攤開、散落於「屋頂上的黃金」呢！我常常在心裡幻想：自己是坐擁一屋頂黃金的公主，坐在蔭涼角落的小板凳上，或唱唱歌兒、或自編自導著一些短短的故事。我可不是一個人自言自語喔；因為有一群又一群從電線桿上飛落下來，啄食免費大餐的雀鳥們，加入我的對話演出。我喜歡溫柔的和牠們說話，因為我是個公主嘛！有誰喜歡氣急敗壞的生氣公主呢？我拿著扇子或是長手帕，這兒揮一揮、那兒趕一趕；樓下路過的鄰居仰著頭看，還以為我在陽光下跳舞呢！其實，我就是沉浸在想像的國度中，和鳥兒們玩著「你追我跑」的遊戲。有時，鳥兒們飛累了，就會棲息在高壓電線上一字排開，微喘著嬌軀，低頭看著愈跳愈忘我的小公主。

夏季的午後，南臺灣的天氣最是不可靠！明明是日正當中時，毒辣辣的豔陽讓人無處躲藏；誰知——才過不到兩個小時，遠遠的天邊，就不知何時悄悄地飄移過來一大片烏雲？可能是我貪涼，到樓下坐一坐，不知不覺就打起瞌睡來的時候吧！厚重的烏雲叢中，倏地劈下一道閃光；哎呀，不好了！我得趕快叫醒全家人，尤其是爸爸、媽媽和大哥。因為，閃電過後的不久時間，鐵定就會有傾盆的「西北雨」而來！若不把握在此半小時內收完全部的黃豆，並裝入麻袋搬運下樓；那麼今天的工就算白做了，而且還會被爸爸鞭打一頓呢！

快速竄移的烏雲，驚擾了我們一家人的美夢。而來無影、去無蹤的夏季「西北雨」之後，常在天邊回報給我們一道笑開了眼的美麗彩虹；只不過此時的我，早已睏乏地笑不出來了！這一屋頂的黃金，黃澄澄地好美、好有詩意；卻也黃甸甸地異常沉重——在我稚氣的年少心靈中。

▲ 黃埔山丘野外教室

狗來富

不知為什麼，眷村裡的人們總喜歡把家中的狗兒命名為「來富」、「來福」或是「來喜」？雖說望文生義，即寓意著寶貝狗——可為全家帶來意外的財富、福氣及歡喜；可我卻不喜歡那樣沒個性的名字，即使是一隻寵物！

我家陸陸續續撿拾來許多隻或大或小的狗兒；最繁盛的時候，曾同時養到三隻。在自然的生老病死循環淘汰之下，我們大多是豢養著兩隻；一隻守住前門，另一隻看顧後門。因此，偷兒的猖獗，萬幸未蔓延至我家。

爸爸最喜歡雄糾糾、氣昂昂的狼犬；因為

狼犬悟性高、容易教導，小偷也最怕生性凶猛的大狼犬。哥哥和弟弟們較喜歡土狗。俗諺說：「一黑、二黃、三花、四白」；步上爸爸後塵，投筆從戎服役於空軍的大哥說：在冷颼颼的冬夜，部隊裡總有人會偷偷地烹上一鍋狗肉進補；他們頂級首選是黑色的小土狗，其下依序才是黃色、花色和白色的土狗。他們還說，臺灣土生土長的土狗種，肉質最香最嫩，較適合本地人的體質食用。我每想到和狗兒一天一天培養起來的親密感情，就無法忍心動念；眼睜睜地看著牠們成為盤中飧而大快朵頤，任憑哥哥、弟弟百般哄騙我，我也絕不願下筷子試吃一口！

在我的生命中，唯一有過一隻既非狼犬，亦非土狗的大寶貝；說牠是「大」寶貝，可一點也不為過，牠是屬於中國北方珍貴的品種：鬆獅犬。媽媽十分喜歡牠的愛好撒嬌的個性，卻又怕極了需常常給牠洗澡、梳毛的麻煩。牠在我高中三年的苦悶時光，陪伴我度過一個又一個挑燈夜讀的日子。

我的「哈莉」是隻愛吃又愛睡的大胖子。家人們常故意不喊牠「哈莉」，而戲謔地叫牠「小胖」、「大胖」或「胖胖」等渾名。每個周六下午，我會花很多時間幫牠洗澡；抓耳朵、全身和腳趾縫裡圓滾滾的跳蚤。牠最喜愛用香噴噴的洗髮精洗個澎澎澡；然後，讓我用吹風機把牠全身金黃色又長又蓬鬆的毛兒吹乾，牠就會開心地到陽光底下跳躍、在我身旁跑跑、繞繞。只不過，每回牠洗乾淨時，我必定是全身溼透透的；我身上的水，有：汗水、肥皂水、還有哈莉甩動全身，噴濺到我身上的洗澡水！雖然如此，我仍樂此不疲；因為這是我和我的寶貝哈莉之間的小祕密。我們一周一次袒裼裸裎相見；牠這個害羞的小女生，在我面前，像極了我的小妹妹、我的小女兒那樣的愛嬌、惹人憐。

星期天一大早，如果陽光露臉，我總會在哈莉的耳邊輕輕喚牠起床，告訴牠：「哈莉，妳最近又心寬體胖起來了喔；再不運動，就會走不動囉！走吧，我們一起去爬黃埔小山丘吧！」牠聽話的跟隨，一路和我捉迷藏似地爬過一座又一座小小山頭。有一次，不知為何，走到半路，未聽到牠的喘息聲，我猛然回頭一看，卻不見牠的蹤影；我不怕牠迷路，只怕牠被人抓走，卻又不甘心未走完全程。於是，我匆匆爬上終點的「野外教室」——那是「黃埔」官兵野外行軍、射擊打靶、或是教官上課的中途休憩涼亭；然後，我小跑步回家尋牠，只見哈莉早已老神在在，趴坐在大門前，呵呵呵地恭候我多時了！唉，我的哈莉寶貝，難怪牠會越來越胖，連爬個小山，都要跟我斤斤計較呢！

▲ 小弟與哈莉寶貝

哈莉的「好脾氣」，最讓大哥受不了；不過，有這麼一次的「豐功偉績」，倒是讓牠在全家人面前終於可以揚眉吐氣了。

家中儲存的黃豆，招來許多老鼠光顧；而屋外庭院裡一根根經緯排列的木柴，也製造了許多縫隙，讓鼠輩們快活窩藏著。有一次，我看到哈莉興奮地在院子裡跑來又跑去，並不時伸長牠的狗爪，到木柴縫下撈撈搆搆著什麼；沒多久，牠竟然叼銜著一隻半大不小的老鼠，到我們眾人面前炫耀。大哥差點昏倒，因為他從未見識過狗兒竟能捉到老鼠！那晚，哈莉成了全家的「英雄」；大夥兒不時摸摸牠的頭，又抱抱牠胖敦敦的圓肚子，還在牠的碗裡破例給牠一隻完整的雞腿作為犒賞。我的小哈莉，我真真以妳為榮，平日裡的愛妳、疼妳、寵妳，總算沒有白費！

在那之後，哈莉愛上了「狗捉老鼠」的遊戲。只可惜鼠輩們學聰明了，牠們會從前方的木柴堆中鑽進去；然後，很快地又從後方的縫隙逃走了！笨笨的哈莉卻只會用第一次「守株待兔」的老方法，守在柴堆前方又抓又扒、又搆伸腳爪；甚至湊近口鼻，用力向縫隙裡吹進一大口、一大口的氣。每每看到這個可愛又逗趣的畫面，我們都會狂笑到肚子喊疼才罷！

上了彰化的大學，我常想念家人，更想念夜半陪我燈下苦讀多年的哈莉。我大約一個月回家一次，每回走到距家尚有一百公尺遠的巷口處，就會看到熟悉的身影開始又跑又跳起來；我知道，那是我心愛的小哈莉！我蹲下身來擁抱著牠，牠竟把頭鑽進我的懷裡撒嬌，期待我多摸摸牠，多在牠耳畔輕輕喚牠：「哈莉！哈莉！」聽媽媽說，每次當我返回學校後，牠總會有三、五天的時間，在屋前、屋後地到處尋覓著我，並食不下嚥地趴睡在大門口等待我的歸航。

「喔！我的哈莉，我何嘗想要離開妳，去那麼遙遠的地方？」對我來說，妳已超過一隻寵物所能給予我的歡喜；妳已變成我心目中的知己，年少時多少孤寂的心事，妳都靜靜、默默地耐心聽我訴說。從妳毛茸茸又暖烘烘的身上，一次又一次我得著新生、喜悅和支持的力量。我曾在心底立誓有一天要為妳寫一篇紀念的文字；因為我來不及為妳立一塊碑文，在妳慘死、掩埋的那一天！

那一天，我又歡歡喜喜地從彰化回來了，卻看不到哈莉來巷口、大門前迎接我；我心裡第一次有不祥的恐慌感覺，四處喚牠、尋牠，卻仍不見牠的芳蹤。媽媽見我尚未把背包放下，就難過地對我說：附近的小偷想要除掉惱人的看門狗，就把預藏的毒肉拿出來餵食哈莉。哈莉貪吃了一口，就一命嗚呼了！爸在小山丘上挖了一個大洞，草草把哈莉埋葬了！

怎麼可以！我的哈莉怎麼可以如此草率地掩埋？我的摯友，怎麼可以不為她立一塊碑石？今後，我要到那兒去尋找她，再與她說說心裡的話？爸、媽為何不早一點通知我回來，陪伴她走完最後一程？失去親人的傷慟，我平生第一次在哈莉身上感受得到。我的哈莉，當她在閉上眼睛，準備永遠安睡的剎那，會不會感覺到孤獨、寂寞、害怕？會不會怨怪我的狠心拋棄？

我的小哈莉！直到今天，妳鮮明的身影，仍不時浮現在我心頭。是妳，唯有妳，豐富了我年少時的生命；除了妳，我再也沒有那麼深、那麼切地愛過第二隻狗寶貝了。

傳承

▲ 大哥和大弟在樓頂

有人說：在民國五、六〇年代，三軍的青年骨幹大半都來自於眷村；這個現象，其實是有原因的。

從民國三十八年中央政府播遷來臺，保家衛國的國軍也理所當然地大批隨著移駐臺、澎、金、馬。當時，復興基地瀰漫著「反共抗俄」的備戰氣氛，政府大力提倡生育、增產報國、擴充兵源。在眷村裡放眼望去，每家每戶的孩子都是多到不可勝數，幾乎很少有少於三個小孩的；甚至有幾戶人家，女兒連生了七個，仍拼命再生第八、第九個，直到生出能當兵打仗、傳宗接代的兒子為止。而如果在前幾胎就有兒子的，卻總希望再能有第二個、第三個兒子；因為大夥兒打算把第一個兒子送給國家，而第二及第三個兒子就可待在家裡侍奉雙親、綿延後嗣了！

當時臺灣的女兵仍算少；彷彿只有國慶日，在電視上的閱兵大典中，才能一年一度看到身穿水藍色筆挺閱兵服、白色及膝合身窄裙、頭戴女軍校生的正式軍帽、腳著白色秀氣高跟鞋、肩上又斜背著白色細緻小皮包的政戰學校花木蘭。我們在眷村裡的女孩子們，同樣也有對未來「從軍報國」的憧憬。我自己在高中畢業前，和許多出身背景相似的十餘位同學，就一起去教官室那兒登記報考「政治作戰學校」。我除了想一展謝冰瑩《女兵日記》中，巾幗不讓鬚眉的豪情壯志，更嚮往在四年的大學教育中，一邊享受著公費待遇，一邊還可研讀著自己最喜愛的外文或新聞科系。

誰知，當一個一個女孩，被喊到名字，到前方政戰學校女教官的身高量尺下測量時；頓時，幾家歡樂幾家愁的此起彼落或歡呼、或哀歎的聲音便不斷地傳出。我偷偷地踮了踮後腳跟，希望能突然長高四公分來，達到至少一百六十公分高的要求；無奈被嚴格的教官發現了，才飲恨未走上「花木蘭」這條路！

「塞翁失馬，焉知非福」——當我因身高不夠而未能如願報考政戰學校，黯然地拖著沉重步伐回到家時；當時已從空軍機械學校專科班畢業，在空軍機場服務的大哥反而撥電話來向我賀喜！他告訴我：「女孩子大可以從護理和教育兩方面來報效家國，不一定非要直接趨赴戰場。」我深覺兄長的勸誡有理，就轉憂為喜，開開心心地用功拼考大學的教育科系了。

和大哥年紀相當的一大票哥兒們，都爭先恐後的在國中或高中畢業後，投考陸、海、空三軍的軍校，實現軍旅報國的生涯。通常是：若父親是憲兵退役，兒子便像著了魔似地向憲兵軍種靠攏；

若父親是測量或兵工連出身，兒子在未來分科選擇專長時，也很自然地走上承襲父業的路上來。這是一種傳承嗎？還是一種宿命？我寧願相信這是在當時大時代和環境的薰陶下，人們在不自覺中，產生的一種見賢思齊表現。

大哥喜歡空軍的水藍色制服，一心想著減輕父母親經濟上的負擔，便毅然承擔起長兄之責，率先報考了空軍。他期望自己的犧牲小我，能讓下面四個弟弟妹妹們，一個個都能夠順利完成正規的大學教育。大弟不知何故十分執著，在高中畢業後，也去報考了「中正理工學院」，成了陸軍軍種中的科技軍官。

我們家有了空軍、陸軍，就獨缺了個海軍健兒！而小弟喜歡自由、寬闊的大海，竟也動念——國中畢業時，想去考「中正預校」的「海官預備生」；一圓三兄弟齊心報國的美夢、佳話。這回，是我可憐的母親苦苦哀求小弟留下，才讓雙親不致憂勞成疾。

國旗

「今天是國定紀念日，家家戶戶應懸掛國旗！」眷村裡最異於周遭環境的景象，當屬這句人人耳熟能詳的叮嚀話語。

開始知道這句話時，是在幼稚園中認識了些字，而有一天在牆壁上的日曆，突然看到一頁紅色的國旗下方，竟有這樣的一行小字：「今天是國定紀念日，家家戶戶應懸掛國旗。」接著，我開始用心觀察許久，果然發現：眷村的每家每戶，都有一面「自治會」發送的大幅布製國旗，連同竹旗桿，以及釘在每家大門旁的紅磚牆面上，堅固且高度齊一的銅製旗桿架。每到國定假

▲ 眷村插國旗的文化

日的清晨，大家都不約而同地早早拿出大國旗插上；直至傍晚天色昏暗下來，才去門口取下國旗，並細心地收捲起來。

倘若有人家在那一天忘了把國旗拿出來，或是早上過了九點鐘，卻還未見到旗幟飄揚；這時，鄰長伯伯必定會來敲你家的門，柔聲勸導、探問原因，甚至主動幫忙你翻箱倒篋地找出收藏的國旗來，親眼見你插上國旗後，才滿意地微笑離開。

小時候的我，最喜歡看到一大片旗海飄揚的壯麗景觀。眷村的「插國旗」文化，最能滿足我的小小願望；也讓我在國定假日依例放假休息一天的同時，能夠感受到緬懷先烈、先賢的愛國情懷。可是，當時年幼的我，卻始終想不通，為何在隔了一條「楚河漢界」似地馬路另一邊的本省大庄中，他們卻沒有一戶一國旗的默契呢？甚至天真無知的我有時還想著：如果我們的自治會也送給他們每家每戶一樣的國旗、一樣的旗桿、一樣的銅製旗桿架、一樣的到府叮嚀；那麼，他們會不會也和眷村的我們一樣，養成主動插上國旗的習慣？讓飛揚的旗幟像大海、像海浪一樣的壯觀、好看呢？

成年後，我仍留在臺灣，但生活於其他鄉鎮，遠離了眷村同仇敵愾的歷史氛圍。每逢重要的國家紀念日，卻未見到國旗飄揚時；我彷彿嗅聞不到一絲絲愛鄉、愛家、愛國的氣味，心裡便有一股莫名激盪起來的落寞和鄉愁。

國旗究竟代表什麼？眷村畫地自限的小小文化圈又圈住了什麼？有人說：早年眷村裡長成的孩子（不論男孩、女孩），總喜歡打抱不平，思想也較執著而偏激；真是這樣嗎？在時代巨輪不停地

▲ 宣武新村巷弄間的最後　面國旗

向前輾轉而過，人們的思維想法也不斷翻新、包容的情形下，眷村有形的建築物雖已然拆除殆盡；但在眷村出生長大的第一代孩子們心中，唯一還剩下的吶喊——恐怕是：歷經生死戰亂、顛沛流離的父親和母親口耳相傳，要我們珍惜、愛護的「國家」究竟在哪裡？我不禁想問：在寶島臺灣的每一個中華子民，不論本省、外省，真的有國仇、家恨，以心體心的同舟共濟、生命共同體的感受嗎？

▲ 菜市場的豆腐攤殘景

菜市場

早期眷村的傳統市場中，幾乎清一色都是中國北方麵食和中原、江南米食的菜色居多。印象中，是我們這一輩上了國中，在學校裡與三三兩兩要好同學，交換著午餐便當的飯菜後，回家即吵嚷著母親也去學習烹煮同樣的吃食；眷村的菜市場裡，才開始有了一些戲劇性的變化。

先是攤位上的魚、肉、青菜多了許多未曾見過的類別；接著是來逛市場的人口，也突然多了許多操著閩南語口音的婆婆、媽媽們。最令人欣喜的是，「這個菜要怎麼煮？」、「那個菜要配哪種肉才好吃？」，大人們用不太流暢的國語、閩南語混合著說；有時還摻雜著比手畫腳「嗯，嗯，嗯！」、「是啊！是啊！」、「沒錯，沒錯！」的應和。大家交換著彼此飲食、烹調的獨門秘訣；外省、本省的界限模糊了！孩子們也開心餐桌上的菜樣，從此可以更多元、豐富了；這真是個雙贏的好結局，不是嗎？

若是偶爾到眷村菜市場去巡獵，有時也會有意想不到的驚喜；尤其，是在特殊節慶來臨的前後日子。

清明前後，我最愛吃「春捲」，本省人稱它為「潤餅」。一、兩片薄如蛋皮的麵餅皮，內裹豬肉絲、綠豆芽、芹菜絲、細條豆皮、高麗菜、紅蘿蔔絲，再灑上一些微甜的花生粉；咬在嘴裏，又脆、又香、又有嚼勁。據說：那是因應清明掃墓的人們一大早趕車上山，在孤山墓園中忙著除草、焚香、祭拜，直到過午後才能拖著憂傷、疲憊的身心回家。此時，隨身攜帶方便可食的春捲，一來可藉以祭祖聊表心意、二來可充作午餐食用；所以也就成了清明節最受歡迎的食品了！

另有一說是：紀念耿介不言祿的介之推。他是春秋時代的晉國人，曾在公子重耳（晉文公）流亡期間，割自己的大腿肉給重耳吃；並請重耳日後莫忘百姓疾苦，定以勤政、清明為要。重耳在外流浪十九年後，終於回國主政；他遍封功臣，唯獨忘了介之推。當有人為介之推抱屈時，重耳才派人去尋覓。介之推與母親隱居於綿山上，重耳聽計放火燒山，以逼介之推出來受賞。介之推最終背負著老母，活活燒死於一棵巨柳旁。重耳推崇其高潔忠貞，不圖個人的回報，便也將此日定為「寒食節」；當天民間相約家中不舉火升竈，故冷涼可食的「春捲」遂應運而生。後來，此日則演變為

「清明祭祖日」。

爸爸和媽媽，是在成婚後隨部隊遷來臺灣，我們沒有祖墳可以祭掃。爸爸就在客廳靠窗的案頭上，擺上祖父母的遺照，再放些鮮花、素果、水酒、白燭，以「遙祭」的方式告慰思親的惆悵；媽媽在家中祭祖過後，便會端出一大盤白白、胖胖的春捲來，讓我們大快朵頤一番。

農曆春節以及正月十五（元宵節）之前，菜市場的沿路上，突然會像變魔術似地增加許多小攤販；例如：賣冰糖葫蘆、賣捏麵人、賣糖炒栗子、賣草編蚱蜢、賣彩繪紙燈籠……。這一個個都讓孩子們像失了魂似地流連忘返。而過年前，退了伍的老伯伯，或苦練有成的小朋友，只要書法藝術高妙的，就也沿街擺上一桌、一椅、一墨、一硯，為絡繹前來索求對聯的高鄰，凝神寫上幾幅；那種當眾揮毫，氣度雍華的姿態，每每令我豔羨不已。

眷村裡的菜市場，也是備辦生活用品、購置新居、新房一應齊全的小小百貨公司。記得某年暑假，我在準備訂婚前，母親在每日午休片刻過後的接連數天下午，帶著她未來的女婿和我，去採買新婚生活所需的一切；從盥洗用具、衣物被枕、戒指項鍊、到喜幛炮竹，都可以一一打點妥當。只不過，眷村裡的老店鋪，幾乎三十年如一日，年輕人喜歡嘗鮮，每每嚷著外頭市中心的花樣較多較新；母親只好又帶著永不饜足的兒女們，輾轉乘車去外地大採購了！

我們每三、五個新村就有一個聯合的大市場裡，有時還會發生這樣的趣事：市場上的固定攤位，每一攤賣出的價格就有從一萬到十萬不等的行情；端看攤位的大小和位置的好壞，來決定價格高低。在每天中午之前，「自治會」必定會有供職人員，到每個攤位前收取三十元的場地清潔費，讓每天市集解散後，負責打掃和清運垃圾的人員，能有固定的收入維持生活。

攤位上的叔叔、伯伯和阿姨們，常常像上班似地固定時間來去；並且一待就是三、四十年，直到年老力衰。唯有把家中的孩子們都撫養到成年了，他們才會「退休」下來，回家含飴弄孫享清福去了！有趣的是，在我家豆腐攤左鄰的魚酥、魚丸攤上的第一代創業大媽，竟在每天、每日的觀察之中，相中了斜對面賣豬肉的小女兒。後來，他們兩家果然成了親家；而嫁出去的女兒，還可以每天到娘家父母的攤位前，和爸媽聊天、撒嬌呢！這樣的近水樓臺，在我們這個市場上，可就意外撮合了許多對「天賜良緣」呢！

眷村的菜市場，真真是又吵鬧、又熱鬧呀！

▲ 一年三節爸爸遙祭祖先

過年

眷村裡的過年，每每令多年在外的遊子魂牽夢縈。

過年、過年，就是在臘月（農曆十二月）裡，預備著豐盛的餐點和嶄新的衣著，準備在除夕（農曆十二月三十日或二十九日）夜盡的第一聲炮竹聲響中，捨棄舊的、陰霾的、黯淡的逝去一年；好迎接新的、憧憬的、充滿希望的另一個年度。所以，眷村裡的過年，臘味是絕對少不了的。

香腸，必定要用豬的前腿肉才算到地；鹽醃臘肉，也一定要用五花肉才好吃。早年的眷村，烏魚子是買不起也吃不起的。在我那浙江省籍的媽媽夢憶中：若能有一小塊故鄉捎來的金華火腿，用來炒一盤又Q又彈牙的寧波年糕的話；那才真是香味四溢，令人回味無窮呢！母親多年來一直如此堅信著。

眷村裡各家的香腸、臘肉，幾乎都是自己親手製做的。過年前的各家庭院中，早已陸陸續續競賽似地用曬衣的長竹竿，掛起一條條、一塊塊琳琅滿目、熱鬧不已的香腸、臘肉來。這讓眷村的貓兒、狗兒也開始嗅聞到不一樣的「年味兒」，而跟著轉來轉去，異常興奮了起來。

過農曆新年的前一個月裡，爸爸、媽媽們就神祕地忙碌了起來。菜市場上的人潮和貨物交流量突然大增；到我家排隊磨米準備做年糕的人，從白天到深夜進進出出、絡繹不絕。各家的媽媽們還扯開喉嚨，大聲吆喝著家中壯丁，一起幫忙去市場提菜籃；因為，若無能挑、能擔的兒子幫忙提菜籃回家，母親們可能要跑好幾趟市場呢！

媽媽們各個心急如焚；因為要在短短一個月之內，必須採辦南北雜貨、灌香腸、醃臘肉、炊年糕、做各種醬、泡菜；也要擀水餃皮，包上好幾百顆的高麗菜、韮菜和韮黃餃子。媽媽們更還得騰出時間來，拖拉著一個個年年長高一寸的蘿蔔頭們，上菜市場買些新衣、新鞋、新帽。

眷村裡的除夕年夜飯，必定有一大鍋熱騰騰，冒著煙，全家人圍坐在大圓桌邊徐徐加菜、置肉，慢慢享受天倫的團圓火鍋。水餃，形狀像極了古時候的元寶；新的一年裡，誰不想要招財進寶、財源廣進呢？所以，年夜飯的餐桌上，除了甜年糕、紅豆年糕討個新年好甜頭；長年菜（即刈菜）象徵長長壽壽；大塊大塊的紅燒紅、白蘿蔔，代表好采頭、好運兆，連年不絕地降臨；此外，水餃就算是替代平日吃慣的米飯以外，另一種主食了！

當然，一條又長又肥大，首尾俱全的紅燒魚，在除夕晚餐桌上，也是不能缺席的。只可惜，那條魚是只能遠觀，卻絕不可褻玩地動筷吃一口的；原因嘛——就是「年年有餘」！爸爸期盼著我們，從今年舊曆年的年尾，到明年大年初一新曆年的年頭，仍能夠天天「有餘」地保有豐盛的食物，不致在新年頭裡有所匱乏。

可是，年幼無知的孩子們不懂，也參不透那寓意玄妙又高深的學問。在愛吃、貪吃、卻怎麼也覺得吃不飽的五個孩子小小的心靈中——那條讓人垂涎三尺的魚兒，像極了神明供桌上的供品一樣，只是看得到，卻吃不到！嘴饞的我們，只好退而求其次地爭奪著藏有巧克力或是一元小銅板的水餃了！

我們平日裡，並不特別喜歡幫忙母親包餃子。因為技術不夠純熟，我們包的餃子，不是麵皮捏得不緊實，下鍋滾煮時，總會天女散花似地撒散開來；不然就是生怕捏破了薄薄的麵皮，只好偷偷多加一層皮，撈起來吃的時候，往往裡面的內皮還是硬生生地讓人生悶氣。大多時，我包的餃子好像臥佛一樣平躺著、弟弟包的是開口笑、姊姊會淘氣地包上幾個「太陽餅」、而哥哥則是包「小籠包」；讓母親啼笑皆非，忙上加忙。

所以呀！平常時候，母親寧可讓我們五個小孩擠在房間裡打鬧、拌嘴，也不願我們出來愈幫愈忙。不過，過年前的非常時期，母親真真是忙到不可開交、分不開身了，才勉強讓我們來自由發揮一下。

我們偷偷約定好，每個人只能包出三個銅板餃子和巧克力餃子，不許多也不許少。為了不讓人早早識破，那六個「加料」的元寶，往往是捏了又捏，包得最像母親又快又細心包出的餃子；但是一個不小心，還是很快就會露出馬腳，吃出餡內暗藏的「祕密」了！我們會在年夜飯開動前，好意提醒爸、媽：吃水餃時，一定要細嚼慢嚥，才不會嗑斷門牙，或是卡住喉嚨！

若是吃到巧克力餃，我們會大喊：「祝你甜甜蜜蜜一整年！」；而如果有人吃到銅板時，大家就會雀躍地迸出「恭喜發財，好運滾滾來！」的高分貝歡呼聲。爸爸在平日裡的嚴峻，我們是斷斷不敢輕易冒犯的！唯獨在年夜飯餐桌上，我們會仗恃著大人們唸唸不絕的口訣，像什麼「童言無忌」啦、什麼「過年不能生氣、發火、打罵小孩」啦、什麼「歲歲（碎碎）平安」啦；因而會小小地、偷偷在心底歡喜地、一年一次地、勇敢地、好好地在此時此刻撒些小野！

眷村裡的過年，最時興在門楣上貼幅對聯。我家有前、後兩扇大門，正前門爸爸最愛貼「財源廣進達三江，戶納東西南北財」，橫批則是「積善人家慶有餘」。至於後門，他就讓我們兄妹幾個人，自己去市場上選購自己喜歡的文句；也許就是這樣的機緣，我們兄弟姊妹五個人，竟開始愛上春聯的平仄對句了！

記得有一年過年，大哥提議不要讓小販再賺我們的錢，我們自己去文具店買紅紙，自己研墨，自己寫喜歡的字句。我把多年來收錄抄寫下來的春聯小筆記拿出來，用不太熟練的柳公權字體，一筆一畫端端正正地寫了出來。而哥哥、姊姊則寫了好多個「春」字和「福」字；大弟平日習練顏真卿粗獷厚重的字體，他也快樂無比地揮灑了一個「滿」字。後來竟把那個「滿」字，不知情地貼在廁所的木門上，讓大家足足大笑了三天才止。

小弟也許就是從那時開始得到啟發，意識到寫書法字是那麼好玩，從此便乖乖而用心的認字、練字了！爸爸很得意我們的字，可以掛在門前向人炫耀；還鼓勵小弟勤練書法，日後可以在市場上擺攤賣春聯呢！

陳之藩先生曾說：中國人吃飯前的禱求，總愛以「謝天」為開始。我也依例要在「過年」這個話題上，以「謝天」做為結束；因為我感謝上天，能讓我在幼年時，生長於「眷村」這個大家庭中，過了一年又一年快樂、無憂且豐美的農曆新年。雖然我在婚後的第一年除夕夜時，因錐心思念眷村中的一湯一飯而暗自垂淚；然而，我還是感恩一切，因為——我曾經那麼真真實實、深深切切地擁有過。

童玩・飛揚的童年

兒童，要專心，才會快快長大；兒童的天職，就是要專心的玩耍，才算有快樂的童年；兒時歲月，就是要有創意的童玩，才能讓童年更見亮麗、精彩。

民國五、六〇年代的眷村，什麼都不見多；只有年紀相仿的童年玩伴最多。那時候，爸爸們不是整日整月在軍中各單位打拼，就是退役在家做小生意，以賺取家中十指浩繁的生活所需。媽媽們也不得閒，除了煮飯、洗衣、操持家務、餵養雞鴨外，還接一些中、下游工廠的代工來做，以貼補家用（如：縫手套、縫棒球手套、編竹籃或藤椅、套裝

▲ 中正預校展示飛彈

電子小零件、剝烘乾過的龍眼殼……等）。父母竟日、終年忙忙碌碌，也無暇顧及孩子的課業，除了孩子們三餐及夜晚回家睡覺之外，也不知道他們都野到哪兒去玩了？玩些什麼？和哪些朋友去玩？

我們這一群毛頭孩子，也就是在這樣如此寬闊的時間和空間裏，平安、恣意、狂放地長大了！

童年時物資極度貧乏，但還是讓愛玩、好玩、想玩、挺會玩的孩子們克服了重重障礙；我們充分發揮「雙手萬能」的本事，用紙張折疊出紙飛機、摺紙串上竹棍成紙風車、取張報紙加上竹篾，可糊成凌空翱翔的紙風箏；有時，再多加一點慧心巧思，就還能變換出一些蜈蚣、老鷹、蝴蝶、「機器貓小叮噹」等造型的紙鳶呢！若是只有一段竹片、一根細棍，我們也可以做出一個直昇飛機似的竹蜻蜓；或是接長起來，在竹枝前端沾黏些強力膠，伸到茂密的綠蔭高枝中，就可把吵擾人睡不著午覺的鳴蟬給揪下來呢！

好動而坐不住的孩子們，有時也會偷偷藏起三、五枝家中吃飯用的竹筷子，將其切割成長、短不等，用橡皮筋綁緊，成為一支可射出橡皮筋、襲擊「敵人」的竹槍。等爸爸、媽媽發現——連日來的筷子怎會不翼而飛，又驚奇地看到我們的小手天工，那哭笑不得、想狠狠地痛罵，

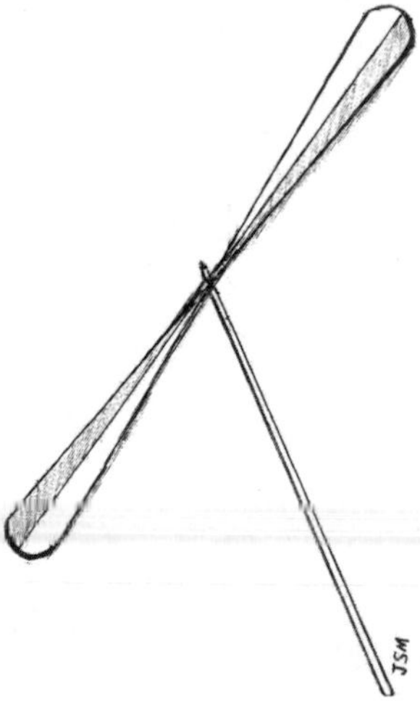

▲ 兒時的竹蜻蜓／繆正西繪圖

卻又暗暗讚歎天才，而捨不得責罵時的表情；至今猶讓成長之後的我們，津津樂道呢！

我們更會花點小錢，大家集資去雜貨鋪買些七彩玻璃彈珠來彈打著玩；或是買兩、三個木製小套圈，學著市場上收錢的小販，在線外一公尺處的地面上，放些糖果、巧克力球、圓形小紙牌之類的誘人獎項，玩起不賭、不輸的「套圈圈遊戲」。男孩子們最喜歡套到小紙牌了；他們還可以把數張紙牌堆疊起來，放在石板地上，用空心手掌在紙牌旁邊，用力拍打地面，誰若能將紙牌拍騰起來翻了面，那一張張上面畫有英雄人物（如：關公、趙子龍、孫悟空、楊家將，或是坦克車、大砲、潛水艇等戰爭武器）的圓形小紙牌，就歸誰贏取收存。

女孩子們可不作興收集戰爭武器。我們會玩跳繩、踢房子，或用橡皮筋串接起來，由兩人互牽一端，從地板、膝蓋、大腿、腰、腋窩、頸、耳朵、

▲女兒打陀螺（地上有踢跳房子遊戲的白線）

頭頂等逐步加高的跳高遊戲。一群人逐個、逐次地不碰筋繩地跳躍過去；若是誰碰觸了繩子，就由誰當「鬼」換牽繩子。從小好勝心極強的我，曾在八歲時一次跳高戲耍中，為了逞強躍過比我高出甚多的耳朵高度，當我飛躍過去時，不慎摔跌在地，磕破了下巴，立時鮮血如注；被送到眷村的診療所裡，縫了五、六針才收口止血。現今，還在下巴留下一道永不磨滅的紀念疤痕哪！

眷村裡的姊姊、妹妹們，還會央求母親用小片的布料縫製一組五個「沙包」，內部填裝上米粒、綠豆或是細碎小石子，三、四個小女生就可以在角落邊安安靜靜、高高興興地玩個一下午。等玩膩、玩累了，就起來活動活動筋骨吧！由哥哥、弟弟們研製，用一塊中央穿孔的圓形小鐵片，串過幾段等長的塑膠繩，鐵片底部滴上兩滴熱熱的蠟油，好凝固繩頭，再以縫衣針刷散開繩子，就成了女孩子最喜歡踢著玩的「毽子」了！

我們的「玩具」，也有時是隱形看不見，非得運用你的想像力，才會覺得好玩而欲罷不能的；像是：跳馬、騎馬打仗、老鷹捉小雞、官兵捉強盜、首領副首領、一二三木頭人、躲貓貓、雙人搖搖船、踩影子、手影競賽、拍手擊掌撓癢癢……等。

另外，還有善用大自然的一切資源，非爭鬥個你輸我贏才罷休。例如：雙人拉草根遊戲，看誰的草根先斷便是輸家；「灌肚伯仔」（閩南語；即指水灌躲藏在土丘洞穴中的蟋蟀），看誰最先抓到倉皇而出的蟋蟀就算贏。而春天時，就比賽養蠶寶寶；放學時眾人爭著去野外採集桑葉，動作慢、搶不到桑葉的人，只好掏錢出來向手快腳快的同伴買幼蠶的主食——桑葉了！夏天來了，我們會到樹林裡的落葉腐堆中，找尋獨角仙和鍬形蟲的幼蟲回來飼養，牠們頂愛吃新鮮的水果；尤其是哈密瓜和西瓜。數周之後，一隻隻長成的壯碩成蟲破繭而出，大夥兒真是開心到合不攏嘴；然後呢？不一會兒，咱們又忙著幫公的、母的成蟲配對、牽紅線了，讓牠們快快結婚、生子；這樣，保證我們明年才能再繼續生生不息地飼養牠們的下一代。

當然，最值得一提的是放各種炮竹的刺激遊戲。過農曆新年時，吃完年夜飯，向爸爸、媽媽磕過頭領了壓歲錢；媽媽就會趕緊把我們拉進房間，向我們索討回壓歲錢。說是要代為「保管」，開學後幫我們繳學雜費，和買一些學用品；然後，媽媽也會大方地抽出一張百元鈔票遞給我們，安慰我們一顆顆微微受創的小小心靈！幼年時期，我們的身上從未有過零用錢；那一百元，可說是一年中最奢侈的花用，我們會豪氣地不出十分鐘把它買個精光。女孩子們會買酸梅、棒棒糖，或買可換衣裝的紙娃娃。男孩們則不做二想，全部用來買炮竹：沖天炮、水鴛鴦、仙女棒、顆粒狀擲地便開花的紙炸彈，以及咻咻亂竄的蜂炮。爆竹讓膽小的女孩子們嚇得雙手摀住耳朵，匆促逃回房間躲了起來。男生平日最愛捉弄女生，看到女生驚嚇、哭叫，便興奮不已地開懷大笑；此情此景，最是罪證確鑿，讓我們女生日後更加團結起來還以顏色。

童年已逝；但一件件親手製做的玩具，以及一個個親身參與過的遊戲，卻讓童年的美好回憶永不褪色，每當回想起時，意興總是飛揚、再飛揚。

歸鄉路迢迢

「通了！通了！老鄉，你聽說了嗎？」

「聽說什麼？什麼通了？」

「噓，小聲點！靠過來一點，我悄聲說給你聽！」

「趕快告訴我，別賣關子呀！」

「你相信嗎？開放大陸探親了！我們終於可以回家了！」

「真的嗎？你可別哄逗我開心！都快四十年了，怎麼說開放就開放了呢？這一定不是真的！」

民國七十六年（西元一九八七年），眷村裡起了一陣小小的騷動。無論走到哪兒，總見有三、兩個叔叔、伯伯在交頭接耳，似乎在談論什麼重大，卻又不便明說的祕密；甚至是自己的爸爸、媽媽，彷彿也在一邊偷偷興奮著，一邊卻又心事重重地準備著什麼。他們不想告訴我們；因為，我們永遠也不會懂得他們「少小離家老大回」、「近鄉情更怯」的複雜心情。

四十年來家國，三千里地山河。
猶記倉皇辭廟日，聚也依依，散也依依。
莫道別離，應是天涯比鄰翻夢回。
遙知迷津欲渡，孤雁難歸！
萬里羈身，寄書不達。
恨也悠悠，愛也悠悠，
碧海青天，誰何與共？

眷村裡的叔伯長輩，在民國三十八年（西元一九四九年）的當時，有人是孤身年少、有人是新婚燕爾、有人更是妻小倚門翹望；他們匆匆與家人辭別，來不及道聲珍重，也忘了約期返家之日……本以為大陸、臺灣僅一水之隔，國、共都是中國人，兄弟間鬧鬧彆扭，應該很快就會看在祖國母親的情面上，再度握手言和，重敘天倫。這應該就像昔日「唐山過臺灣」，胼手胝足打拼個三、五年攢了錢糧，便可風風光光地衣錦還鄉；誰知，這一山川相隔，卻醉似人間無數年！一年又一年，五風十雨復三秋，有人盼不到而病歿了、有人枯槁了心不再等候了；更有人今朝有酒今朝醉，看透了生死契闊。不過說到頭，心眼兒裡卻仍參不透那個夜夜囓疼著胸口的「情」字。

四十年了！這會兒，是蔣總統 經國先生解的禁，終於可以回家見爹娘了；可是，爹娘還健在嗎？終於可以回去看嬌妻、稚兒了；可是，這近半世紀的隔閡，妻兒豈不會「怒」問客從何處來？他們是可以理直氣壯地質問：「這些年來，你可曾為家庭盡過什麼心力？！為父母盡過分毫孝心？！」真是有言難以對！多年來，想做些什麼卻也有心無力；不是不想，而是不能。他們不明白「老兵」在臺灣的處境；正如我不瞭解民國五十五年到六十五年（西元一九六六至一九七六年）間，那十年的「文革浩劫」，大陸上親人們捱忍過的苦楚一樣！

回去看一看吧！那兒畢竟是自己出生、長大的地方！雙親若是等不及，好歹還有手足親情在吧？於是，一批又一批像候鳥歸航似的，眷村裡的叔叔伯伯們，懷抱著無限的遊子之心，大包、小包，光鮮、亮麗的回鄉去了！

開了家祠祭了祖、上了祖墳掃了墓；當一家人終於歡歡喜喜地落座圍爐時，怎麼竟是數十年來的悲苦道貧！親人說，因為「老兵」隨同國民政府軍遷居臺灣，害得他們在文革中被打入黑五類而遭無情的批鬥；父母、同輩親人有的被折磨至死，親族的小孩也因此受到歧視，或失學或失業或喪失社會地位、人格尊嚴。他們一肚子的委屈和怨恨無從傾洩，他們慨歎命運的不公不義！他們說，在臺的「老兵」享盡自由、幸福的果實，還賺了錢、置了家、有了產；怎能體會他們四十年來受盡的屈辱，以及形同地獄般水深火熱的生活！他們要求合理的對待，要求更多、更多物質上的彌補！

眷村的叔叔伯伯們，原先是一臉的笑意；而今，他們的眼神卻空洞、迷茫了！十年文化大革命（西元一九六六至一九七六年），究竟是怎樣的世紀大黑洞？歷史大謎團？為何不見有詩人、墨客寫下任何的隻字片語，向這畸怪的世界討個公道、做個見證？大陸上苟延殘喘的親人們，彷如一棵棵怒向蒼天而發的青松，又像一枝枝妄想去撕裂天空，卻只能戳破幾個微小窟窿的猙獰樹枝；竟是那樣地無助且無奈！鬢也星星點點的叔叔伯伯們，這時竟祇能顫抖著雙手，打開腰袋中薄薄數張，羞澀地難以見人的花花美鈔（那可是多年積攢不易的養老金呀），礙著自己四十年來的虧欠，未善盡人子、人夫的職責；就閉著眼給吧，把帶來的錢通通給出去！「來兩個，給一雙；來十個，給一打」吧！只要夠留下回臺的機票錢、只要能彌補這段人生空白的遺憾；錢財至此，又算得了什麼？

於是，心空空、錢空空的回來；但回去時，心是滿的、高興的；荷包也是飽滿的，「開口笑」（開口笑，原是一糕點名；此借喻荷包滿溢而開的樣子）似的。叔叔伯伯們開始懷疑：那兒，真是我的家嗎？我的家，到底在哪裡？哪兒才有我真真、切切、親親、愛愛的家人？那個曾經在夢憶裡是那麼熟悉，而今卻如此陌生的「家」，我還要再回去嗎？

回家的路，好不容易盼等到暢通無阻了；心，為何卻更覺遙遠了？咫尺竟成天涯；茫茫，離愁，難渡！

族群大融合

眷村裡濃得化不開的人情味，與多元族群的和諧相處有密不可分的關係。

早年逃難到臺灣來的士官兵們，剛開始都以「一定會反攻大陸」的心態暫居於此。不少人則因軍中的「禁婚令」影響，皆是過了中年，才在媒人介紹之下，與本省籍或原住民的女子結婚；所以，眷村中就有：父母皆是「外省人」的，也有「外省爸爸和本省媽媽」、「外省爸爸和原住民媽媽」的家庭組合。而後兩者的家庭，又多是「老夫少妻」配；當老來得子後，每每造成老父溺寵兒女的「父慈母嚴」特殊現象。

不同族群的人們相處在一起，首先要克服的差異是語言問題。來自大江南北、五湖四海各省分的叔叔、伯伯們，他們一路南下逃難的途中，從自己家鄉的「本省人」，移徙至他鄉成為「外省人」，又與該地的「本省人」一同再播遷到第三、第四地；甚至落難到更多記不清地名的鄉里了！經過這樣的南北、東西大遷徙，當來到寶島臺灣之後，這群人早已不分彼此地全都成了名符其實的

「外省人」了！私底下，他們稱呼居住在臺灣的閩南、客家人和原住民為「外省人」；可是，對方卻也喚他們做「外省人」，到底誰才是真正的「本省人」、誰才算異鄉來的「外省人」呢？

若從中國五千年來，歷經無數次的兵燹、水災、旱災、蝗災等動亂，而大舉遷居的歷史來看——苦難的年代，中華子民幾乎每一個人，都曾有過本省人，又曾是外省人的身分變換。我們都有著炎黃子孫的共同血統，也應該感恩幸有秦始皇「車同軌、書同文」的政策；這使得中國各省、各地百姓講著不同的方言、操著不同的口音時，還可以有完全相同的「文字」，來溝通彼此的思想、情意。靠著這樣的文字，溝通了人與人之間善意的微笑，以及由衷、溫暖的關懷。

而眷村裡的族群融合，從來都不構成問題和困擾；尤其是小朋友們的「玩耍無國界」。眷村裡的大人看到孩子們不一會兒的功夫，就能融洽的玩成一片了；在不知不覺中，也卸下了所有的心防與成見，抱著「學習」的心情、「開放」的心胸，嘗試去和不同的族群親近、友善、互相幫助。因此，在外界人士習以「你們外省人都怎樣、怎樣」，或是「原住民都怎樣、怎樣」的刻板印象，來標籤化某一個族群時；身為眷村子弟的我們，卻幸運地完全不曾如此適應不良。早期眷村人這種「隨遇而安、無入自得」的人格特質，也讓眷村改建而沒入歷史洪流的曲終人散時刻，我們即使散居臺灣各地，仍能極快地融入各個文化階層裡。

當然，正與反是一體的兩面。不同族群的婚姻之中，也常見到因父母雙方價值觀的嚴重落差，而造成家庭中的衝突不斷。在爸爸、媽媽三天一小吵，五天一大吵的不安環境中；孩子們羽翼稍見豐實後，往往有一股強烈的「逃離家園」念頭。有人說，眷村長大的小孩，不是大好便是大壞。敏感、聰明的孩子力爭上游、發憤讀書、埋頭苦學，以求出人頭地，開創自己理想中的新天新地；而亟欲在友朋、同儕中尋求溫暖、支持的孩子，若不小心結交了損友、誤入歧途、進入幫派，一生的命運便在更加劇烈動盪的衝突、掙扎中浮浮沉沉，令人不勝唏噓！不過，相同族群父母所建立的家庭，難道就沒有爭吵？難道不可能也會有如此結局嗎？很顯然，答案皆是相同的！

自古聖人有云：「齊家、治國、平天下」；安定的家庭，是國家、社會穩定發展的基石。眷村裡的爸爸們，常因公而在營或是殉職，父親的長期缺席、不在家，孩子們的養育、管教重擔，全落在母親一人的肩頭上。若不是眷村裡軍中袍澤的相親相愛，大家同舟一命，一家人似地扶攜照顧、相濡以沫，凝聚成一股生命緊緊相繫的無形力量；又怎能讓「犧牲小我，成全大我」而保家衛國的在營父兄安心、放心？臺灣又怎能在臺海戰局險惡、飄搖的情勢下，無憂、無懼地向前挺進了六十餘年？

眷村，不該再被大家以「少數族群」的異樣眼光看待！眷村人，早就是與你、我同文、同種的「在地人」。眷村人，在過去一甲子以來，也安安靜靜、勤勤懇懇、認分而踏實地為我們的「自由中國」，默默貢獻了——不算頂大，卻也不能算小的安邦、復國、興國的一分功勞啊！

軍民一家親

如果有人問我：在鳳山大寮陸軍眷村出生、成長二十餘年，最棒的生活體驗是什麼？我會毫不猶豫而自豪地回答：「夜半被十餘輛坦克車從耳邊喧囂而過，嚇到醒跳起來的驚心動魄！」

宣武新村前臨四線省道的鳳林路四段，側邊與本省大庄隔條雙線道的水源路。我家緊貼水源路的部分，本是一個狹長形的後院，因為五個小孩接連出生，加上爸爸做豆腐需要一個寬敞的大廚房；於是後院加蓋起來，拆掉原來的主牆，一半權做廚房的擴充地，另一半則把五個小孩共用

▲坦克車

的房間變得更大些。從此，我漸漸強迫自己去習慣：在車聲雜沓的馬路邊，仍能安然讀書和歇息的環境。

記得第一次在半夜中驚醒過來，透過低矮的窗戶，看到火焰般的燈光，聽到車輪鐵鍊接二連三輾過路面的嘈雜聲——只聞車聲，不聞人語。我以為是爸爸常說的「戰爭」發生了，正嚇得不知如何是好！當我想張口喊醒熟睡中的兄、弟和姊姊時，只見一輛接著一輛巨大的坦克車緩緩行過眼前。我興奮地傍在窗前觀賞這難得一見的畫面；回想國慶閱兵時，守在電視機前看到整齊行進的裝甲車陣，那時只覺得「好看」，卻沒有此時此刻貼身感受到的「震撼」與「感動」！

隔天晚餐時，爸爸說那是陸軍的正式演習活動，因為在精忠四村後方的黃埔山丘間，會接連有數日的實彈射擊演習。身為陸軍子弟，我開始

▲ 黃埔山丘復興村小房舍

感受到「平時如戰時」操練的重要，我甚至有些遺憾自己為何是女兒身？陸軍的勤操苦練，竟只能坐觀「隔岸之火」！

我好奇又近乎膜拜地專程跑去精忠四村，在爸爸後來購買的一小間房子裡，觀看實彈射擊的真實場景。我家屋舍後方山坡上是一大片爸爸一點一滴開拓出來的果園，間種著芒果、荔枝、木瓜、香蕉和蓮霧。有時，屋子裡悶熱，而且看不清楚「阿兵哥」們演習的動向，我便獨自跑到坡上的果園，躲在茂密陰涼的竹林叢中，臨高俯視對面稻田後方的山坳間，那些持槍挺進、俯臥、再突圍的演習部隊。有時，竟會清晰地聽到他們有趣的對話：

「一〇二七，你被襲擊了，為何不倒地身亡？」

「報告班長，我拿著小隊旗幟，冒死也要把旗幟交給另一位士兵，才能不辱使命，為國犧牲；因為『旗在人在，旗亡人亡』！」

「弟兄們，前方有煙霧，表示交戰激烈，趕快匍匐前進，才不會被流彈擊中！」

有幾次，當我犧牲午休，在涼風習習的竹林下，酣賞著陸軍健兒真槍實彈的演出；彷彿親眼目睹民國七十四年，曾在這黃埔山丘間拍攝的武俠電影「策馬入林」，小說家陳雨航與導演王童各顯本事，就著這一片醉人的連綿翠綠，相互較勁、過招，搬演起一幕幕動人的山賊與被劫少女的愛恨糾葛。突然，一陣窸窸窣窣，踏著草葉、黃土，整齊向我走來的腳步聲，把我從如幻似夢的情境中拉回現實！

「老伯，請問可不可以討杯水喝？弟兄們演習行軍至此又熱又渴，可以在您這片果園中歇息一會兒嗎？」不知什麼時候，爸爸已結束了午間小寐，靜悄悄地來到果園做起活兒來了。

「可以啊！趕快進來喝杯水，不然一定會中暑的！還有，園子裡樹上熟透的果子，也可以摘下洗洗來吃，請自己隨意！」

「老伯，這怎麼可以！叨擾您一杯水已是過意不去了，怎能再摘食您辛苦種植的水果呢？弟兄們，如果想吃水果，記得一定要留下錢，當作向老伯買的，不可白吃白喝，否則回去軍法處置！」

「沒這麼嚴重啦！我的兩個兒子也是職業軍人，看到你們，就像看到自己的兒子一般。班長，你就放輕鬆一點！這頓水果，算是我招待自己的兒子，好不好？」

沒想到在爸爸嚴峻、沉默的外表下，竟有這般溫柔、可親的另一面！我慶幸自己擁有這位「鐵血柔情」的陸軍老爸，我更深深感受到「軍愛民、民敬軍」，軍民親如一家人般的濃濃同胞愛。

心中迴響的歌

「若我不能遺忘，這纖小的軀體，又怎載得起如許的沉重憂傷？人說愛情的故事值得終身想念，但是我呀！只想把它遺忘，遺忘，遺忘！」[1]

退出了腥風血雨的時代戰場，眷村的伯伯們仍在人生戰場上躑躅獨行。幼時的記憶中，從不曾聽到他們高歌「中國一定強」，或是「夜色茫茫，星月無光……，只等那信號一響，我們就展開閃電攻擊，打一個轟轟烈烈的勝仗。」[2]倒是在榕樹下的石椅上，看到許多默默無語、沉思冥想的孤單身影。

我一直不敢問他們有關中日八年抗戰的往事，更不敢向父親探詢「徐蚌會戰」或「八二三砲戰」的點點滴滴。昔日戰場上的英勇，就算是自己能全身而退，或是最後贏得了一場漂亮的勝仗；

1 歌名〈遺忘〉，詞：鍾梅音，曲：黃友棣。
2 軍歌名〈夜襲〉，詞：黃瑩，曲：李健。

▲ 村中伯伯樹下對弈

然而，那些患難與共，親如手足的同袍，也許正是成就那一戰功成的荒煙白骨，永遠無法再與他們把酒言歡，拍肩搭背了。戰爭的殘酷代價，如果就是要拋妻棄子，遠離故土，讓白髮高堂倚盼不到「愛兒歸航」的希望；那麼，眷村的伯伯們如果再給他們一次人生重新選擇的機會，他們此時，或許寧願選擇「遺忘」！過去戰場上的光榮或失敗，若與現今人生中的如許無奈相比較，有什麼勝仗值得驕傲、炫耀？又有什麼撤退、棄守值得永遠傷心、難過呢？就讓一切記憶空白、歸零吧！心若還活著、熱著、跳躍著，那是會增添痛苦的。此生後半，就讓「遺忘」陪伴吧！

我好害怕看到一個歷經滄桑的白髮老人，因為懷念起千山萬水阻隔的父母，或是故鄉某個深愛的女子，而嚎啕大哭，泣不成聲。眷村四十年成長的歲月裡，萬幸未讓我親眼目睹這難以收拾的景象。伯伯們彷彿一個個商量好似地，透過戰爭的洗禮，而參透了人生的大苦大難；他們播遷來到臺灣，竟換了另一副樂天知命，開朗豁達的臉孔，來重新過日子。我最常聽到隔壁來自上海的張伯伯，一邊修剪著扶桑花樹籬，一邊陶醉地哼哼唱唱：「分離不如雙棲的好，珍重這花月良宵；分離不如雙棲的好，且珍惜這青春年少。」[3]

眷村裡的叔叔伯伯躲過了無數次生生死死的劫難，雖然落魄逃難到這海天一隅的美麗小島，逝者已矣，來者可追，眼前還有什麼比「好好過日子」更重要的呢？因此，抹乾「思鄉」的淚水，捲起衣袖，心中再次燃起「重建新家園」的盲悅和希望。他們知道：只有先把自己的心情整理好，安頓妥當一家妻小之後，才能心有餘力地再去及時抓住所剩唏嘘的「青春」尾巴！

年輕只有一次！民國二十六年，北平盧溝橋事件，暴露了日本入侵中國的野心，也粉碎了時年十四的父親，隻身由廣州負笈天津，銳意求知，更上層樓的青春美夢！八年的浴血抵抗軍國日本；民國三十四年抗戰勝利後，無休無止的國共內戰；民國三十八年遷臺，中共對臺文攻武嚇，造成臺澎金馬風雨飄搖，政軍情勢岌岌可危；就這樣一年又一年，父親在「大我」的國仇家恨抗爭中，一點一滴消磨了「小我」追求成長卓越的奮進心力。當繁榮安定的日子，終於讓這一批篳路藍縷的老

[3] 歌名〈鳳凰于飛〉，曲：陳歌辛，原唱：周璇。

兵盼等到時，父親早已兩鬢飛霜，年入半百了。「青春一去永不重逢，海角天涯，無影無蹤。斷無消息，石榴殷紅，卻偏是昨夜，魂縈舊夢。」[4]我不再怨恨父親從前嚴格督責我們，務必要趁太平時日，加緊用功讀書的鐵血要求。我漸漸明白：他要我們繼續他人生未竟的好夢；他更期許我們能陶成豐實的學識基礎，日後為國、為家，開創一番比他更宏大的成就。

我也終於了悟，父親為何閒不下來的緣由；因為忙忙碌碌，有時是排遣寂寞的最佳良藥。可是呀，空閒下來的時候呢？午夜夢迴的時候呢？此時，「思念」就像斷了線的珠簾，一顆、一顆擊打在心情版上，聲聲分明、聲聲痛。我聽到眷村裡許多伯伯，退役後遲遲不肯找個老伴，只因在夢憶裡，仍不時浮現出故園青梅竹馬的戀人：「這綠島像一隻船，在月夜裡搖呀搖；姑娘呀，妳也在我的心海裡飄呀飄。讓我的歌聲隨那微風，吹開了妳的窗簾；讓我的衷情隨那流水，不斷地向妳傾訴。」[5]

同村的韓公公，也曾透露他一直割捨不了昔日新婚，即匆匆道別的嬌妻：「春朝一去花亂飛，又是佳節人不歸。記得當年楊柳青，長征別離時；連珠淚和針黹繡征衣，繡出同心花一朵，忘了問歸期。思歸期，憶歸期，往事多少盡在春閨夢裡……幾度花飛楊柳青，征人何時歸？」[6]我最最難

4 歌名〈魂縈舊夢〉，詞：水西村，曲：侯湘，原唱：白光。
5 歌名〈綠島小夜曲〉，詞：潘英傑，曲：周藍萍，原唱：紫薇。
6 歌名〈回憶〉，詞：陳崑，曲：郭子究。

忘年幼時，母親拍哄我們入睡時的淺唱低吟：「雁陣兒飛來飛去白雲裡，經過那萬里可曾看仔細，雁兒呀我想問你，我的母親可有消息？……噓寒呀問暖缺少那親娘，母親呀我要問你，天涯茫茫你在何方？兒時的情景似夢般依稀，母愛的溫暖永遠難忘記，母親呀我真想你，恨不能夠時光倒移！」[7]十九歲風華正茂的母親，因浙江外海的舟山群島老家即將失陷，倉皇中外公、外婆把母親許配給隨部隊南遷的父親，誰知這一聲「珍重」道後，竟再也見不到日夜思念的親爹、親娘了！

一首首時代的悲歌，在我心裡不斷地吟詠著。那是我的父親、母親，還有眷村裡千個、百個、萬個叔叔伯伯，用可貴的青春和生命謳歌出來的字字珠璣。他們懷想著家鄉、故人，如同捧在心尖上又疼又愛的「國家」，沒有怨，無從恨；只有愛，既深沉、又讓人刺痛的愛！不論是側耳細聽父親最愛的老歌：「椰林模糊月朦朧，漁火零落映江中……岷江夜，恍如夢……」[8]；或是當時正值青春年少的我們，在高中合唱比賽時齊聲唱出：「寒風沙喇喇，細雨淅零零……長夜漫漫，何時明？」[9]如今細細回味起來，才赫然驚覺：他們在心底深處，多年來反覆吟哦、迴響的字句如：「忘不了離別的滋味，也忘不了那相思的苦惱」[10]，其實是一種說不出來，又令人欲哭無淚的——思念。

[7] 歌名〈母親你在何方〉，詞：毛文波，曲：司徒容，原唱：小金銘。
[8] 歌名〈岷江夜曲〉，詞：司徒容，曲：高劍聲，唱：費玉清。
[9] 歌名〈寒夜〉，詞：李韶，曲：黃友棣。
[10] 歌名〈不了情〉，詞：陶秦，曲：莫然，原唱：顧嘉彌。

▲ 老兵的精神領袖

老兵不死

身當亂世，如果還能有些許言行高潔如姜子牙的釣魚人、叱吒風雲如漢將李廣的射虎人；再不然，有三兩個豪邁不羈如高漸離的屠狗好漢；那長夜如漆的大時代夜空中，總還會閃現出一道道燦爛、炫麗的流星。雖然只是短暫地從耳邊呼嘯而過；那美麗的光芒，卻永遠喜悅地映照在世人的心中，久久不息、不散。

每個人的身邊，能有多少個英雄豪傑可以隨時向你挽起衣袖，亮出胳膊，驕傲地秀出「反共抗俄、抗美援朝」，或是「一顆心，回臺灣；一條命，殺共匪」的刺青？然後，會慷慨激昂地數說當年如何意氣風發，捍衛家國於不墜的往事？人的一生中，又能有幾次能在槍林彈雨中全身而退；然後，拿起鋤頭，一鋤一鋤地開山墾地？或舉起刀鏟，一鏟一鏟地烹煮佳餚？或是握著孩童稚嫩的小手，一筆一畫地教寫大字？報效國家，原來就是那麼理所當然，不需大聲疾呼地就是身體力行！眷村的叔叔、伯伯們，一個個「救國不落人後」的精神典範，都讓身為眷村子弟的我們，油然而生出「忠義忘私，捨我其誰」的一身傲骨。

我為眷村父執輩們的光榮事蹟而喝采；卻也為他們身後的淒涼、蕭條而泫泣！自民國七十六年（西元一九八七年）的大陸探親熱潮消褪之後，許多叔叔、伯伯們不再癡傻地捧著美金回鄉散財，他們如醍醐灌頂、當頭棒喝似地大夢初醒，終於想通要在臺灣這個僅餘的生存之地，好好活下去。於是有人，請託熱心人士媒合終老之伴；然而，不少六、七旬老人，竟因時運不濟、遇人不淑，而將悉數老本騙至精光！最後，宿病纏身，落至無人送終；那身後的薄棺，往往還是昔日同袍戰友一一代籌、安頓的。運氣稍好的，過了幾年幸福日子，卻留下少妻稚子，溘然而逝；臨終前，他們仍不忍閉目，再三囑託眷村半世紀以來，早已親如血緣兄弟的鄰居，代為照料孤兒寡母。英雄末路，竟讓人惆悵、惘然！

如今，一縷英魂最後還能「回望吾家」的希望之所；眷村那一棟棟長龍相連，破舊卻溫暖人心的低矮房舍，終將全數拆除。往生的叔叔、伯伯們若徘徊有知，該是有笑有淚！他們含笑，因為畢生顛沛受苦，屢仆屢起的奮鬥，終能蔭及後世子孫，從此安穩地生活在自由自在的寶島新天地中，讓孩子們不再飽受戰爭和飢餓的痛苦；而他們憾恨的落淚，為中國的未能一統、為一生「拋頭顱、灑熱血」的國家，竟未能讓軍中眷屬的後代，永遠保有一小塊安身立命之地而沮喪！

這世間，萬事、萬物，不會爆炸消溶於宇宙黑洞，也不會驀然新生如迢迢銀河中的白矮星；只有衰竭，只有頹塌！在容顏失卻豔麗光澤，在細砂沒入海中泡沫之後；最後留存的，只有無窮無盡的死寂，如天之聾，風之啞！一切正如麥克阿瑟將軍的喟然一歎：「老兵不死，祇是逐漸凋零」的語聲，仍悠悠、忽忽地飄盪在一切終歸靜寂的天地之間……

【後記】

走筆至此，令我想起義父王鑫先生。我六歲時感冒發燒，因鳳山某診所注射錯扎神經，致右腿瘸行。義父時任診所清潔工，自願每天揹我到岡山空軍醫院水療復健，半年後奇蹟康復。爸爸十分感恩，便讓我認做義父。義父民國三十八年隨軍來臺，原籍河南，士官長退役；因盼望返鄉與髮妻團圓，在臺一直未再婚。他退役後四處打零工，認我為乾女兒後，常來我家晚餐。他一生盡忠職守，關愛身邊每一個人。我讀大一時，他因肺癌病逝臺北榮總，我彷彿看到他眼中有好深的落寞與無奈！許多與義父一樣孑然一身的榮民，卻是漂泊在眷村之外，處境令人感觸萬千！老兵不死——謹此特別附記。

▲眷村廢墟

緣落

爸爸、媽媽們居住了近五十年的眷村，如今已成為一片廢墟了！它曾經是人手所創造的，現在又被人親自摧毀了！真正的、繁盛熱鬧時期的眷村——其實就是在一大片舉目瘡痍的廢墟之上建立起來的：一大群人倉皇落難，不知明日的心靈廢墟！這片心中永遠的廢墟，堆積著太多、太多不知向誰傾訴的苦與悶；那些破磚、碎瓦似乎從來不曾清理乾淨過。而今，外在的眷村形貌已不復存；從今往後，要想由第二代的我們接手代為清理，也將永遠不可能了！

我知道，不管我決定是要以哭泣或是破涕為

▲宣武老家最後回眸

笑的方式，與陳年往事舉杯乾盡；一切的一切，都會在我一不小心的轉身之間匆匆過去。我知道，昔日無名英雄們說過的，或沒說過的話，我聽聞的，或尚未聽聞的事，終究都將緩緩地、慢慢地、一件一件地遺忘；那曾經積壓在他們和我們心上的重擔，也將一一卸落。我好想向他們，或者不知是該向誰，請求深深的原諒：原諒我真的會漸漸忘記這曾經經歷過的一切！原諒我在生命也和他們一樣受傷之後，想要尋求療癒的急切渴望！

生命中的快樂與傷悲，如同兩條平行延長的鐵軌，沒有交集，卻又緊緊追隨。當我年少時，我急於脫離眷村，切切想要去看看外面的大千世界；眷村裡的「家」，成了我心中的「枷」和「痂」。到如今，風中落葉，覓覓尋尋熟悉的故土，想再依傍著母根，護守下一代的茁長；怎知一夕之間，竟致無根、無土！我如一株失根的蘭花飄萍無依，那失怙、失恃的孤苦心情，彷如張曉風女士振聾發聵的切切呼喊：「如果一個人沒有國可以去愛，或是一個國沒有人去愛，那是世間很悲哀、很深沉的一種痛！」

我能再說什麼呢？如果大雨之後還有不間歇的雨，憂傷之後仍是憂傷；我還是得獨自去面對這一場難分悲或喜的人生，一個不斷地受傷又不斷地復原的生命。兒時的印記，其實不會真的老去；當我遲疑著再度回首時，也不會真的忘記。我如蟬蛻的夏日鳴蟲，一層一種的掙扎著、一層一次的蛻變著。我相信：眷村，將永遠存活在我們每個人的心中。它不只是那有形的、看得到的「房舍」；而是一間間巍巍然矗立在時代長河中，無形的，屬於中國人的——愛家、愛鄉、愛國的一個「心靈歸宿」。

靜靜地，請容我在此生命的渡口處，最後一次回眸，再做一次歷史性的巡禮；不論是再美、再長久的相遇，終將有告別的時候。我很慶幸在這舞台上，曾與你們同行一段路程。幕落了，日已夕，暉已斜；心頭上，無風、無雨、也無晴。讓我們微笑地一一握別吧！再輕輕地抽出你、我的手，帶著扎了根的思念，繼續去尋找另一個永遠、永遠不可能再出現的夢中村落。

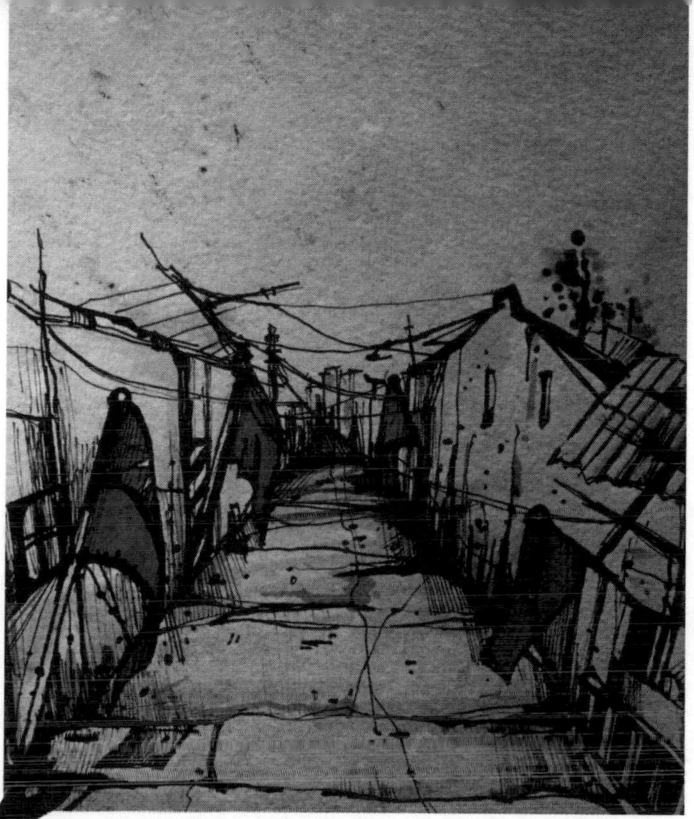

郭聖華/繪圖

左營浮光

1. 左眷印象/繆正西
2. 崇實新村的臺灣女孩/繆正西
3. 我家是城門/繆正西
4. 明德新村/繆正西
5. 左眷不一樣/繆正西
6. 海軍子弟學校/繆正西
7. 左眷明星/繆正西
8. 海上長城/劉治萍

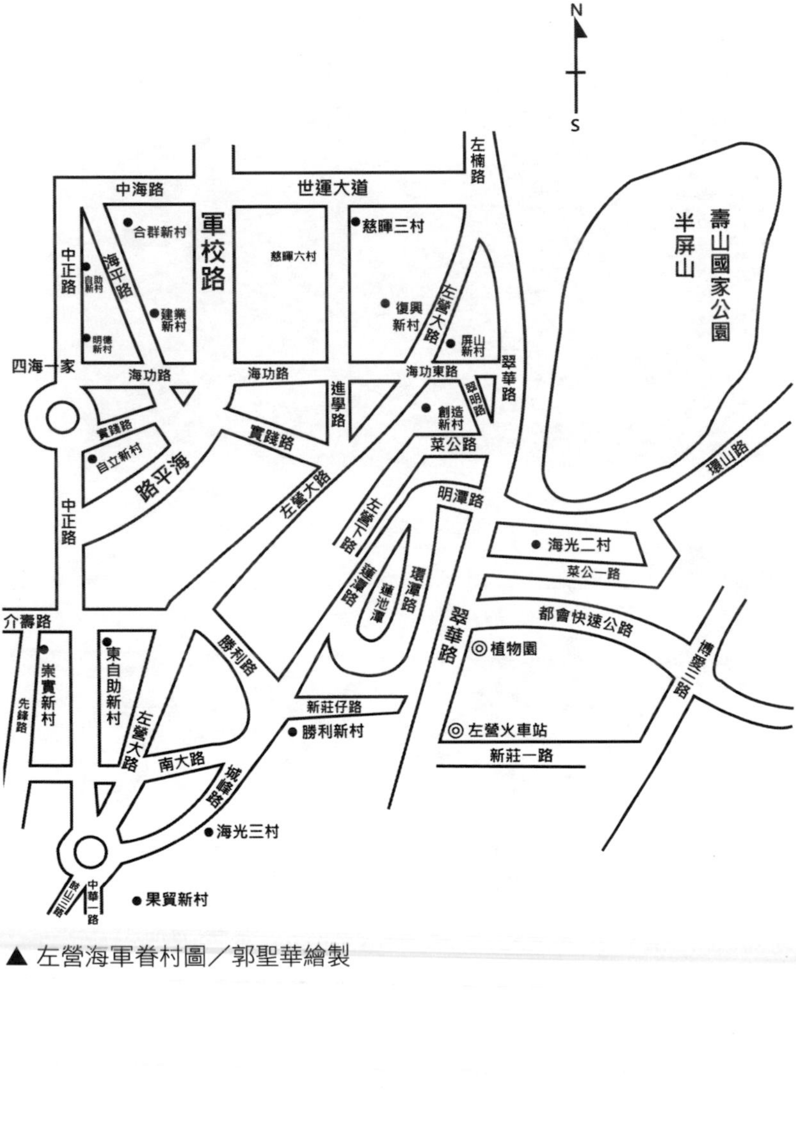

▲ 左營海軍眷村圖／郭聖華繪製

前言

左營的海軍眷村，依「高雄市眷村文化協會」建立的資料顯示，約可分三類：

（一）接收自原日軍的眷舍—勵志新村、崇實新村、合群新村、明德新村、建業新村；其中，明德新村配住將官眷屬、建業新村配住將官或校官眷屬、合群新村配住軍官眷屬。

（二）自接收日軍眷舍擴建—自勉新村（其中一部分接收自日軍的眷舍；其中一部分，乃民國三十八年由「海軍一廠」興建；其中一部分，乃民國四十七年，由「海軍總部」興建）。

（三）光復後陸續分批興建—半屏山新村（民國三十六年由「高雄要塞司令部」興建）、自立新村（乃民國三十八年，由「海軍總部」興建）、自治新村（乃民國三十八年，由「海軍總部」興建）、勝利新村（乃民國三十九年，由「海軍總部」與「婦聯會」興建）、自助新村（乃民國三十九年，由「海軍總部興建）、復興新村（乃民國四十二年，由「海軍總部」興建）、創造新村（民國四十二年由「海軍一廠」興建）、果貿三村（乃民國四十九年，由「婦聯會」興建）、四十四和村（乃民國四十九年，由「財務署」興建）、海光二村（民國五十四年由「婦聯會」興建）、海光三村（民國五十四年由「婦聯會」興建）、莒光新村（民國五十七年由「海軍總部」興建）、瑞豐新村（乃民國六十年，由「海軍總部」興建）、華夏新村（乃民國六十一年，由「海軍總部」興建）、屏山新村（民國六十三年由「一軍區」興建）、慈暉三村（民國六十六年由「婦聯會」興建；配住「海軍總醫院」醫官眷屬）、慈暉六村（民國七十年由「婦聯會」興建）。

▲民國八十五年退輔榮民子女聯誼活動，作者攝於左營軍港東四碼頭。
（站立處為海軍二代艦，後為向法國採購之諾克斯級巡洋艦）

左眷印象

我對左營的印象，說實話大部分是停留在——兒時陪母親去探望，住左營且開店的四姨婆；那個時代還有三輪車。

而後，就屬國小同班的「好麻吉」鄭同學（他的父親是「海軍官校」肄業生，在我們鄰鄉的國中，擔任體育老師）以及沈同學。而沈同學國中畢業，投考「中正預校」；後直升「海軍官校」畢業，還被選派赴美去攻讀碩士學位。然而，自他考進「中正預校」成為「海軍預備生」後；我就也未再見過他。

其次，印象中就是常聽弟弟提起，他高中班上的「班花」——來自左營海軍「莒光新村」的黃同學；而我直至她高中畢業，才在弟弟的「畢業紀念冊」上，看到「百聞不如一見」的美女玉照。

家裡與海軍最有緣的當屬大哥。大哥高中時就與同學，利用寒假到左營海軍眷村市場，賣中式盤扣絲質棉襖；最後，留了紅色與黃色的各一件，分別送給母親及六姨媽。而服兵役時，大哥也服役海軍；隨船出勤的大哥，他的足跡幾乎走遍了每一座外島。

不過，我真正與出身左營海軍眷村者有接觸，則是教書以後的事了！首先認識的是輔大法律系畢業的陶老師；他寒暑假必定回左營海軍眷村，到開學時才北上。陶老師大學時是辯論社的高手，也博學多聞。

再次，為參加退輔會榮眷教師活動，認識的蔣老師；而他也是大我好多屆的大學學長，當時任教於「臺師大附中」。活動是在左營的「海軍官校」舉辦，我也住了「海官」營房一夜，並與蔣老師同房；隔天一早，由蔣老師陪同散步，走了「海軍官校」旁的海軍眷村一圈，算是「走馬觀花」了一番。

而後認識內子，在我們尚未結婚前，她北來參加教師甄試獲錄用的私校，正好是蔣老師自「臺師大附中」退休後，服務過的學校。經我向蔣老師請教後，轉知內子可以受聘；是以內子也在這所學校，服務了許多年。

後來，我在「臺灣徐霞客研究會」中，認識了海軍少校退役的金伯伯；他雖住過左營海軍眷村，但因早退役跑船，賺了錢就在臺北購屋，將妻兒接到臺北居住，離開了海軍眷村。金伯伯最得意的事，是子女全都擁有碩士學歷；其大女婿，更是「臺師大」前少將總教官。可惜，金伯伯數年前，因騎單車中風，迅速過世；十分令人難過。金伯伯過世前一陣子，我們還見過面，他欲將自己的著作「金門家傳」、「世界各國地圖及簡明介紹」託我修正，並簽「授權讓渡書」給我，希望我幫忙出版，不求回報；我未答應他的請求，竟成遺憾。

最後，則為前兩年母親罹癌，入「臺大醫院」手術，而認識的同病房的劉伯伯。劉伯伯海軍上校退役，十分健談；他因疑似罹癌，而入院檢查。不過，經過詳細檢查，醫師仍無法判定；劉伯伯決定不接受手術，出院返回左營海軍眷村。我曾致電劉伯伯問候，並關心他的情況；但他似乎一點也不擔心地說：「活了八十幾歲；若因此病而去，也無遺憾了！」

以上四位老先生，即是我真正接觸過的左營海軍眷村人；雖說是各有千秋，但他們都豐富了我的視野，深深教我感激。也許真正感受過海的遼闊，才有不同一般人的氣象吧！

崇實新村的臺灣女孩

早期眷村中，難得見到臺籍軍職人員的家庭；但較多的是臺籍眷屬。出身左營海軍「崇實新村」的謝以玟，跟一般眷村女孩相比，沒有什麼不同，一樣一口標準國語；但她的籍貫卻道道地地是「臺灣澎湖」。

謝以玟的父祖兩代都服役海軍；而且，她自己也嫁到小港青島村，成了「軍人之妻」。公公是隨國軍來臺的山東人，先生是出生臺灣的外省孩子。這是高雄市新聞處出版，由張覚等著《看見高雄人》一書中，〈緣定竹籬笆 看見高雄眷村〉一文的內容。

謝以玟的祖父，原為日據時代工作於澎湖海軍造船廠；臺灣光復後，隨著國民政府的接收，進入中華民國海軍，後調至高雄服役，因而落戶「崇實新村」。謝以玟的父親後來也考入海軍官校，而後在航海學校教過輪機、艦上歷練過輪機長、大副。謝家在眷村內唯一不同的是——出門雖都講國語，但回家卻講閩南語；久而久之，到長大謝以玟才發現：自己的閩南語已經受到國語影響，腔調與真正臺灣村落的孩子，有了些許地差異。

▲ 海眷各種證件

除此之外，謝以玟也就是一個完完全全生於眷村、長於眷村的女孩。談起海軍眷村與其他軍種眷村的不同；她在文中倒是直接了當陳述：「左營眷村和其他眷村是不同的，因為在船上工作，大部分都是專家、技術人員，退休後出路可好，跑遠洋漁船。哪家出來的都是當船長、大副、輪機長，也有去當領港員的，收入可高了。」

的確，這也如同空軍眷村，退役的飛行員進入民航公司，當機長或副機長；退役的地勤人員，轉任民航公司的地勤維修人員一樣。這是海軍、空軍的眷村，都會出現的現象；比起陸軍眷村，是有明顯的不同。

謝以玟也指出，父親的同儕退役後，

休閒娛樂玩照相機、真空管音響、機械，甚至是古董摩托車……等；都是玩到專業的程度，所費亦不貲。她表示，這是左營眷村外的人，難以窺知的一面；以她嫁到陸軍眷村生活，相互比較之下，自然有強烈的感受。

讀著謝以玟的故事，我感受到一個與海有緣的家族，在因緣際會之下，成了海軍眷村中，身分特殊的一員。一如眾多的眷村子女，克紹箕裘、承繼父志，男生又再投身軍旅；女生嫁作軍人妻。在這一方面，謝以玟與父親，倒沒有做出如何驚天動地的改變；依舊如大家一樣，走了相同的路。

然而，從左營到小港、海軍眷村而到陸軍眷村、臺灣家庭到山東家庭；謝以玟在文中，坦承仍在調適。我相信，對謝以玟來說，一切還是需要學習與適應，即便是生活的條件都是。誠如：陽明大學前校長張心湜，於民國一〇二年，由「天下文化」出版的自傳《醫者之心》中，提及他兒時住過前鎮的陸軍眷村；他表示：三軍中，空軍待遇最好，其次是海軍，陸軍是最差的，連眷村也是。

當然，今日眷村全面改建下，三軍之間的差別待遇已經不復存在；不過，曾有的記憶，卻也是難以忘記的。艱苦的條件成就了張心湜；雖然環境稍微好些，也成就了謝以玟——這個出身左營海軍「崇實新村」的臺灣女孩。

我非左營海眷人，但讀謝以玟的故事，心中仍有一分溫馨。這其中，除了同是高雄眷村人，也有某些相似的感受外；更因為我亦有母親一半的臺灣的血緣，而且在家裡我們也講閩南語啊！

我家是城門

民國九十三年十二月二十日，高雄市政府舉行「左營舊城西門定址揭碑」慶祝活動；此乃「高雄市文獻委員會」，追尋「左營舊城西門」原址計畫的夢圓。而其中，功勞最大者，當屬「高雄市立博物館」展覽組長郭吉清（原海青工商教師）的一再鍥而不捨，才使美夢終能成真；但此事的完成，自助新村的一位老伯伯也有功勞。

「左營舊城」實為清康熙六十一年，鳳山知縣劉光泗，於「興隆莊」（今高雄市左營區），所築之「鳳山縣城土城」；乾隆五十一年，因「林爽文之變」，城陷，而守軍戰死、知縣與典史殉城。

乾隆五十三年，福康安將軍奏准，另築新城於「埤頭街」（今高雄市鳳山區）；嘉慶十年，新城因民變又遭攻陷。嘉慶十二年，福州將軍賽沖阿奏准將鳳山縣治遷回舊城；然因經費無著、民間反應冷淡，而擱置。道光三年，新城再因民變又遭攻陷；縣治遷返舊城之議再起，然籌資認捐上，民間反應依舊冷淡。

▲ 左營北門

道光五年，經臺灣府知府方傳穟、鳳山縣知縣杜紹祁，改採「官捐民輸」方式，募得番銀十五萬，將原舊城略移東北向（並將整座龜山劃入城內），改築成磚石城垣；至道光六年，舊城改建完工。

日據時期，大正十年（民國十年）日人因開臺南至高雄間的縱貫公路，先毀「左營舊城」西門、南門間之城牆；昭和十四年（民國二十七年），日軍為因應戰爭需求，闢左營萬丹為軍港，遷舊城西門與桃子園聚落居民，於舊城南之新莊仔地區。

據當地耆老回憶，約昭和十五年（民國二十九年），日軍毀舊城西門與鄰近城牆，改建為官署房舍；整個舊城內土地登記為海軍所有，舊城內廟宇、文物均遭摧毀。左營軍港被日軍建設為「南進基地」，與其本土的佐世堡、橫須賀、吳

▲北門的城垣與角樓

港，並稱「日本四大軍港」。

民國三十四年，日本無條件投降；左營軍港司令黑瀨賀少將，向我海軍第二軍區司令李世甲交出武器、物資清單。李世甲隨後受命為「臺澎要港司令」，司令部設於左營；李世甲劃舊城之北門、東門為軍事管制區，舊城內權作政府眷村。

民國三十六年，全國海軍四軍區成立，分別是：上海（第一軍區）、山東青島（第二軍區）、臺灣左營（第三軍區）、海南榆林（第四軍區）；次年國共內戰吃緊，海軍總司令桂永清將青島（第二軍區）造船所的各項機具，拆遷至左營。

民國三十八年，海軍陸戰隊（民國三十六年成立）先遷臺，駐防左營桃子園；八至九月間，海軍官校四十一年班，隨校遷左營；隨後，海軍子弟學校亦由南京遷左營；再後，海軍士兵學校、海軍司令部等海軍單位，陸續遷左營。此時，舊城內的海軍眷村——自立新村、自治新村等，也接連設立。

民國五十年，政府首度整修左營舊城（原鳳山縣城舊城）的南門；民國六十八年，內政部將原鳳山縣舊城的南門與北門，暫定為第二級古蹟。次年，高雄市地方文史工作者勘查左營舊城，發現古蹟損壞嚴重；民國七十四年，文獻會與內政部公布，鳳山縣城舊城、拱晨井、鎮福社為臺閩地區第一級古蹟（此為高雄市唯一的一級古蹟）。

民國七十七年，高雄市政府委請李乾朗教授，進行左營舊城修復工程；全案於民國八十年完成。民國八十六年，高雄市立文化中心在左營舊城，舉辦「鐘鼓、蓮香、懷舊城」文藝季，並進行舊城城門遺址的調查採勘；民國九十年，高雄市立博物館辦「吳茂竹高雄史」的收藏展，該館展覽組長郭吉清，發現西門城址線索——「埤子頭前鋒尾圖」。

民國九十三年八至九月間，「高雄市立博物館」展覽組長郭吉清，「上窮碧落下黃泉」辛苦進行套合地籍圖工作，初步發現「自助新村三七六號住處全部、三七八號住處部分土地，為舊城西門城址」；十月十二日，高雄市立博物館為展覽組長郭吉清發現西門城址，辦理「發現西門——為鳳山縣舊城西門定址」活動；十二月一日，郭吉清與楊玉姿教授等人，至海青工商探查校園內殘存的花崗石石條，確定當年他任教此校時，所見的石條即係原西門城門的石材。

事實上，自助新村三七六號的住戶——費寅茂伯伯，在「發現西門——為鳳山縣舊城西門定址」活動的首日，得知住處為西門城址；即至「高雄市立博物館」見展覽組長郭吉清，他很高興自己住了五十多年的老眷舍，居然是西門的城門遺址。

費寅茂伯伯向郭吉清報告：自己從民國三十八年，隨政府部隊遷臺住此；當時就發現，已有日軍堆留的大批花崗石條、咾咕石塊等建材。直至民國四十年初，海軍子弟學校校長安世琪，為興建操場的籃球場看臺臺階，才將這批建材，運至學校運用；因而，海青商工校園內殘存的花崗石石條，極可能為西門的原建材。

一個探求先人建設、還原世紀之謎的偉大文史考察的工作，終於塵埃落幕。費寅茂伯伯的家門外，豎立了「左營舊城西門城門碑」；與「高雄市立博物館」典藏陳列的西門拱門內「西門」石門匾，相互輝映。

而整個事情經過，詳載於：杜劍鋒先生所著《舊城滄桑——左營鳳山縣建城180年懷舊》一書，由「高雄市文獻委員會」印行；有興趣者當可參考。對於這件教人欣慰的事，我除了希望隨著眷村改建，舊城西門有復古重建的一天之外；我也默默寫下這句話：「不容青史盡成灰，終將春風喚回頭」，以盼歷史永不留白！

明德新村

民國一〇一年十二月十二日「民視新聞」報導：據統計高雄市總共有五十九個眷村；其中，左營區就占了二十二個，且有三個眷村確定被保留下來。這三座左營眷村，分別是明德新村、建業新村和合群新村。而「明德新村」更有「全國最豪華的眷村」封號；其房舍的設計，連日本人都驚豔。

看過這則報導，相信您也會對「明德新村」感到好奇。的確，在左營海軍眷村中，「明德新村」是接收自日軍眷舍群裡，環境最為優美的眷村；而且，更是國軍遷臺後，眾星雲集的眷村

▲ 海眷的將軍村

（一如空軍岡山的「樂群村」）。

「明德新村」南臨「海軍大運動場」（今「高雄市左營綜合活動中心」），空氣清新；而現代化的飯店——「四海一家」、一流電影院——「中山堂」，也都在附近，生活機能佳。村中的海軍將官，除了一顆星的將軍之外，更多是二顆、三顆，甚至也曾有過四顆星者；形容其為「滿村星星」，實不為過！

明德新村一號原為「海軍總司令官舍」。在民國四十一年四月，「海軍總部」奉令遷往臺北大直後，此處就改為「海軍總司令左營官舍」；後來，再而改為「明德賓館」，權作海軍接待最高階軍官與外賓，來左營的住宿賓館。

其次，二十四號曾是宋鍔將軍（宋楚瑜的叔祖）的眷舍；後來，改供海軍中、少將級高階軍官南來出差的賓館，是以有「明德賓館二號」

▲四海一家

之稱。

而二十七號，是「中華婦女反共抗俄聯合會海軍分會」的會址。「中華婦女反共抗俄聯合會」成立於民國三十九年四月十七日；一周後全臺第一個分會——「海軍分會」，即在當時的「海軍總部」（今左營鎮海營區）成立，不久會址就遷至「明德新村二十七號」。「中華婦女反共抗俄聯合會海軍分會左營支會」，還曾在此戶後院，另建教室興辦「海軍幼稚園」；可惜的是：民國九十八年二月的春節期間，軍方已經強行拆除了！

三十五號，曾是「海軍第一育幼院」，此為安置民國三十八年隨海軍撤退來臺的失親兒童而設；民國四十年代，遷往左營大路二號（接近南門的東北側），改名為「海軍育幼院」。此處由海軍某情報單位進駐，由於原房舍不敷使用，乃改建為三層樓房；民國九十六年八月，原設於「自治新村」的「高雄市警察局左營分局四海派出所」，遷設此處。

至於「海軍育幼院」，後因國防部結束三軍的育幼院機構，該院轉型為「中華婦女反共抗俄聯合會海軍分會附設海強幼稚園」；再後，國防部與婦聯會也結束經營幼稚園，園址回歸海軍改為「海強營區」。

四十號，原為「軍中之聲左營軍中廣播電臺」的臺址。該臺乃民國三十八年初，預定於南京設立的「（海軍）軍中廣播電臺」；由於，南京陷共未開播即撤退，當年八月輾轉抵新竹。民國三十九年春，該臺改隸「國防部軍中播音總隊」，編為「第四播音隊」；十一月遷入「明德新村四十號」，配屬海軍工作。民國七十七年，「軍中廣播電臺」更名為「漢聲廣播電臺」；該臺則成為「漢聲廣播電臺高雄臺」。

影視紅星歸亞蕾的父親，曾任「軍中之聲左營軍中廣播電臺」的副臺長；歸副臺長為浙江吳興人，受過「白色恐怖」迫害，後取「歷劫歸來」之意，改名「歸來」。

四十六號，原為「軍中之聲左營軍中廣播電臺」的餐廳；民國四十三年，服役海軍的詩人洛夫、張默和瘂弦三人，就在此餐廳創辦了《創世紀》詩刊。《創世紀》對現代新詩影響深遠，是文學史上重要的一頁。然而，此間屋舍後來卻荒置而破敗；民國九十九年十一月，「軍方得知：高雄市政府有意將明德、建業、合群新村規劃為眷村文化園區，陸戰隊指揮部就悍然拆除此屋」。如今欲至此，緬懷《創世紀》的誕生地者，恐也將灑淚了！

至於「明德新村」全村各戶，住過哪些「大人物」？相關資料，「鞠園文史工作室」整理得近乎完整；大家上網即可參考，此不贅述。

而「明德新村」，目前保存日據時期官舍原貌，情況最好的是二十五號（該住戶為輪機少將高世達眷屬，自民國四十年代初期入住後就未搬遷，是「明德新村」中住得最久的一戶，亦愛屋惜屋者）；也許未來會是開放參觀的重點屋舍。

不過，「明德新村」五十三號之後，五十四號、五十五號、五十六號三戶，則非日據時期的官舍。它們乃光復後，海軍整體遷至左營，「在該村的東側、海平路之西與凱旋路之北的小公園北邊新建的」；「另在海平路的西側，明德賓館的東南角落，還有一排『違建戶』，它們的門牌都是明德新村一之多少號」。這也是「明德新村」的特色：有古有今、有繁華也有破落戶；真有意思！

最後，我也在網路上查到：日本前首相中曾根康弘（任期：民國七十一年十一月二十七日至民國七十六年十一月六日）及小田村泰彥少將，據稱在第二次大戰期間，服役於海軍後勤部門，曾奉派至左營軍港任職；當時，他們就住過「明德新村」原日據時期的官舍。看來「明德新村」還不是普通的「地靈人傑」哦！

▲ 明德新村一景

左眷不一樣

左營的海軍眷村，除了是國民政府遷臺後，單一軍種（海軍）最大的眷村聚落之外；它也創造了很多「第一」的紀錄；例如：

左營海軍的第一個眷村，是由「高雄要塞司令部」，於民國三十六年興建的「半屏山新村」。「果貿三村」（由「臺灣青果公會」捐款、「婦聯會」興建，首批原建於民國四十九年、第二批建於民國五十二年）有兩千一百戶，是南臺灣最大的眷村；同時，也是第一個改建的眷村

▲ 錨狀設計的果貿社區新貌

（民國七十年改建，民國七十四年完工，共十三棟大樓，住戶五千戶）。

而根據「鞠園文史工作室」的整理資料顯示，「明德新村」也創下頗多「海眷」的第一；例如：

「明德新村」最早遷入者，為三十四號的李良驥一家人（民國三十七年五月二十九日遷入）；李將軍（貴州貴陽人，民國一年四月二日生，福州海校肄業、電雷學校輪機科畢業）官至海軍輪機少將。官階最低的住戶，是住二號的尹姓准尉（時任海軍總司令桂永清的駕駛官，民國三十八年四月十五日遷入）；六號是「英雄之家」，先後住過陳慶堃、梁天价兩位得過「青天白日勳章」的將軍。十一號在民國三十八年八月三十一號遷入的黎玉璽（黎明柔的祖父），是來臺後第一位晉升海軍四星一級上將者；十四號則出過最年輕的海軍總司令馬紀壯（民國四十一年四月升任時，尚不滿四十歲）。二十九號，是首位由海軍陸戰隊將官，「軍職外調」（民國七十三年七月）出任「警政署長」的羅張；羅張於民國七十九年八月四日回任軍職，後以陸軍二級上將官階榮退，也是特別的地方（二十九號，先前為趙寧一家人住過）。四十五號住戶，則是「父子將軍」的常香圻海軍中將（福州海軍學校五期，民國二十五年三月畢業）與常志驊海軍中將（海軍官校五十四年班畢業）的父子檔。

其次，根據國防部訪談海軍官校榮譽教授吳守成的訪問稿提及：左營的海軍眷村中，還有為了「美軍顧問團」而建的「海友新村」；且分「內海友」與「外海友」。「內海友」在「明德新村」對面，係西式獨棟花園洋房；前美在臺協會臺北辦事處處長楊甦棣，兒時即住過此村。中美斷交後，顧問退出，除少部分配給海軍高級將領外，多荒廢拆除。「外海友」在左營大路東側，僅八戶；現已改為中科院招待所。當年住「海友新村」的美籍顧問夫人，皆在海軍官校教英文；她們採「柏拉圖式戶外教學」，十分活潑新穎，很受到官校生歡迎。

另外，好友吳兄早年服役，任海軍陸戰隊預官（與馬英九總統一樣），記得當時一位中校營長，於「桃子園」駐地，發現一段據信應是荷蘭據臺時期所築的城牆殘跡。然而，吳兄退役又讀了研究所，多年後躋身北部某科技大學教席，成為「臺灣史蹟專家」；欲再舊地重遊，好生調查研究一番，竟也迷失方位，彷彿進了「桃花源」的夢境一般，總教人遺憾！

想來，不一樣的「左眷」、不一樣的左營；的確，是讓人有驚奇、有歎服，也有無奈啊！

▲ 海青工商

海軍子弟學校

民國三十八年，海軍官校、海軍子弟學校、海軍士兵學校等「海軍三校」，陸續由大陸遷至臺灣高雄的左營；其中，海軍子弟學校是由南京遷來。

民國三十八年，海軍子弟學校校長安世琪，於「桃子園」，將原日據時期的海軍舊庫房，改為校舍；其餘一切但憑無中生有。經兩年時間，先小學後初中而次第成立；成為當時全國首創「九年一貫」的學校。

海軍子弟學校初設：初小（小一至小三）、高小（小四至小六）及初中（初一至初三）三

▲ 海青工商校園一景

部。另為方便左營北區的眷村子女就學，再於「自立新村」設立分校（係利用原日軍的木質營房改建），計有：初小部一至三年級共四班；四年級學生，則一律回「桃子園總校區」高小部就學。

「海軍子弟學校」的教師，除少數由年長軍官轉任之外，多為海軍軍官夫人、海軍官校肄業生充任；是以多「俊男美女」。由於海軍軍職人員，近乎全部皆自大陸撤退而來，所以校中清一色都是外省子弟；依據海軍官校榮譽教授吳守成的回憶：直至民國四十三年，才有一名臺籍的黃姓學生入學（因其父受聘「海軍左營第一造船廠」工作，是以成為「海軍子弟學校」首位臺籍生）。

「海軍子弟學校」的學生，除餐食外全部免費，連制服都由海軍被服廠，修改舊水兵服而

▲舵的一部分

▲錨的一部分

來，且一律戴船型帽；上學、放學也都要唱：「可愛的水兵」、「海軍軍歌」，充滿著海軍精神。而校規也規定：學生穿皮鞋不准打赤腳；造成早期各式各樣皮鞋不合腳的「大皮鞋」，一如「腳踏兩條船」的莞爾情況，出現在學童腳上的現象。在交通方面，「海軍總部」也配合派遣「海軍平頭交通車」，排開軍區上下班時間，來接送學生上、放學。

如此的福利，海軍子弟亦也爭氣；在民國四、五十年代，子弟學校畢業生前二十名，幾乎連年都考上第一志願的高中；升學率為全高雄市之冠。而優秀校友，除了趙家的趙寧、趙靖、趙欣、趙怡、趙健「一門碩學」之外；尚有：鍾堅（加拿大麥基爾大學化學博士、清大醫學工程與環境科學系教授）、張力（政大歷史所博士、中研院近史所研究員）……等人。

由於民國五十五年，國防部令所有軍中子弟學校，移交地方政府接辦。「海軍子弟學校」的初小與高小部，遂於當年八月一日正式移交高雄市政府接辦；並遷址於左營大路二之二號（占地二八一九九平方公尺）的現址，更名為「永清國民學校」，以紀念創始人故海軍總司令桂永清。該校至現在都還有「豫劇社」，也顯著不忘本的精神。

至於「海軍子弟學校」的初中部，早在民國四十年即立案為「私立海青初級中學」，是以繼續存續。民國五十七年「九年國教」實施，「海青」被徵為「代用國中」（校長安世琪卸任，由楊勃繼任）；民國六十一年，奉准擴辦高中部；民國六十二年，增設高職部。民國六十三年，增設高職夜間部；並更名為「私立海青高級工商職業學校」。

隨著臺灣的經濟起飛，高雄市也急遽發展，「海青」因校外周邊道路不斷擴建，校園也就不斷內縮。然而，民國六十年代的「海青工商」，人才培育也做得很好；有不少畢業生，進入「海軍造船廠」工作，是完全求學與就業的無縫銜接。

「海青工商」直至民國七十年八月一日，改制市立；由高雄市政府接辦後，「海軍子弟學校」至此，才可謂真正走進歷史，劃下了海軍辦學的休止符。

左眷明星

左營的海軍眷村，大概是南臺灣眷村中，出過最多藝人的地方。大家所熟知的，老一輩——如：獲「美國紐約亞洲傑出藝術家獎」的豫劇名伶王海玲、演員歸亞蕾；年輕一輩——如：「相聲瓦舍」的馮翊剛、演員倪齊民等。

馮翊剛在他的部落格上，曾提及：「趙寧、趙怡——明德新村；徐淑媛是我同學的姐姐，家在自立新村；秀場老前輩康弘是果貿三村；歸亞蕾一時想不起是哪村的；胡一虎是華夏、吳恩文是勵志、倪齊民是自勉；方芳芳和我是自助新村」。

其中，康弘與黃西田、豬哥亮曾經縱橫秀場的年代，正是臺灣經濟起飛的時代；他們帶給了基層的勞工朋友不少的歡樂。

歸亞蕾出身國立藝專影劇科，是功力深厚的演員；曾獲金馬獎最佳女主角、女配角，以及金鐘獎最佳女演員、亞太影展最佳女主角（甚至也以「女兒紅」一片，代表中國大陸得過「捷克卡羅維發利電影節」最佳女主角獎）。

徐淑媛以模特兒出道轉型演員，她與林青霞、王祖賢、舒淇都是從臺灣發跡，轉往香港發展的藝人；只是她發展並不順利，婚後即迅速息影移居美國。

方芳芳十九歲以演員出道，與秦祥林拍「上尉與我」而大紅；但她後來卻轉戰綜藝節目的主持人，而拿下金鐘獎最佳綜藝節目主持人獎。

馮翊剛是國立藝術學院（今臺北藝大）戲劇藝術所碩士，除了活躍於螢光幕與劇場，更在臺師大與臺北藝大兼課；他可說是與王海玲在中山大學兼課相同，都為傳統表演藝術的傳承，恪盡了一分職責！

而在馮翊剛所提的這些人外，還有哪些是出身「左眷」的藝人？一位不願我把他寫進來的好友，提供給我一分名單，除去重複者後，計有：倪敏然與倪蓓蓓兄妹、金超群、崔麗心、于楓、蔡琴、李傳偉、黎明柔、劉天麟，以及導演李祐寧等等。而我上網查，有人提到鳳飛飛住過「左眷」，劉耕宏也可能出身「左眷」；但恐怕仍須詳細考證，才能確定。

以黎明柔來說，她是前海軍總司令黎玉璽的孫女，在美國出生、因父親黎昌意工作之故，成長於香港；嚴格來說不能算。崔麗心後來畢業於「北一女」，蔡琴三歲隨家人遷居臺北內湖；應該說都與「左眷」是淺緣。

蔡琴、崔麗心都是在讀大專的時代，一因音色、一因美麗氣質，而走上螢光幕。崔麗心婚後淡出螢幕，蔡琴也久未見新歌出現；不過，「臺大醫院」門診區，仍播放以往崔麗心訪問臺大醫師的光碟；蔡琴的歌曲，依舊教老中青三代人，都眷戀而哼唱。

而金超群出身政戰影劇系，在民國八十二年，他延續原由儀銘於民國六十三年，所演的華視八點檔連續劇「包青天」；兩人前後輝映，都演活了「包青天」一角。該劇除創下高收視率，也為金超群自己拿下了金鐘獎最佳男演員。這也是當年膾炙人口的事；雖說金超群後來投身選舉失利，但並不影響他在觀眾心目中的地位。

至於，吳恩文、李傳偉都是新聞主播出身；吳後來轉戰「美食節目」主持人、李轉入有線電視的行政高層，也都屬於轉型且發展得不錯者。然而，「左眷」的藝人之中，于楓、倪敏然先後都因感情問題，而選擇以同樣方式結束生命，走上絕路；也令人不勝唏噓！尤其，倪敏然犧牲形象的丑角扮演，在民國六、七十年代，曾帶給臺灣觀眾不少的歡樂笑聲，則是更教人懷念啊！

▲民國八十五年繆博士與武夷艦艦長合影／陳君萍攝

海上長城

我成長於陸軍眷村，記憶中只有「海光四村」位於高雄市鳳山區，算是較接近的海軍眷村；但村內居民全多為海軍陸戰隊軍官及其眷屬，與真正海軍的眷村仍有差別。海軍眷村仍須以左營為大本營。

離開了眷村的生活，混入花花綠綠的大千世界裡，若是有緣碰到來自眷村的人，總會有「他鄉遇故知」的親切喜悅之感；尤其是能認識左營海眷的朋友，更覺如獲至寶，因為我一直想多揭掀一些左眷神祕的面紗……

張伯伯是住在果貿社區的陸戰隊員，雖

然戎馬生涯中從未登過艦艇，在參謀部門任職，但據張伯伯的女兒透漏，他每天幾乎早出晚歸，很少放假在家陪孩子和妻子。爸爸的工作性質是什麼？我的張同事完全不知，因為爸爸回家時守口如瓶，絕口不提公務之事！張伯伯很重視孩子的教育，尤其是家中唯一的兒子。海軍眷村人口多樣而複雜，許多長年在戰艦上巡防的海軍爸爸，有時半年、一兩年無法回家，家中只靠母親一人扛起家務，和照料三、五個子女的生活起居，難免有貪玩或離經叛道的子女誤入歧途，甚至加入幫派、打架鬧事。

張伯伯擔心兒子變壞，若知兒子說謊、貪睡、貪玩、逃學、或是頂撞母親，張伯伯往往會搬出「家法」，用藤條打到兒子跪地求饒為止。同事和兩個妹妹，每當看到這「恨鐵不成鋼」的嚴父教子畫面，總在心底為身體瘦弱的小弟抱屈、難過！因為，據她說，爸爸莫非是偏疼女兒，為何同樣的過錯，在女兒身上總可以找到原諒的理由，而弟弟卻是不能原諒到非得毒打討饒？

張伯伯除了疼愛女兒，對本省籍的年少妻子也是百般呵護。張媽媽在本省大家族中，從小就不受疼愛，甚至張同事的外婆還常嚇唬她：「你再不乖，就把你嫁給外省郎！」張同事的爸媽相距十八歲，在外人眼中雖像是一樁婚姻的買賣關係，卻他們彼此卻是真心誠意地你情我願。張伯伯像一片寬闊的大海，無限包容著任性、不快樂的小妻子；經過多年的磨合，「愛的溫暖」融化了生活中一切的不適。張媽媽在婚後，也像溪流奔騰入海般，終於有了自由和歡顏。

陸戰隊的家庭，一如陸軍軍眷，也需常常隨著父親的調職，而到處搬遷。張伯伯一家在搬到左營之前，已不知搬家過幾次！在張同事的童年印象中，他們從未安穩地睡過一張「床」；因為經常得拖著彈簧墊、綠色軍毯、和幾箱木製人皮箱四處搬家，根本就無法買床！住進左營果貿社區，一家六口擁擠的將就生活著；當好不容易等到「增建許可令」頒下來，終於能興建屬於自家人的廁所，工程完成時才驚覺：一進門竟是廚房和廁所，而不是待客起居的客廳！

其次，在張耀升《告別的年代：再見！左營眷村！》書中，亦有兩則感人故事，我簡略地將它描述於後：少將退役的徐伯伯，每憶起高三那年，率性選擇報考海軍官校，投筆從戎的豪情壯志時，仍然無怨無悔，並且衷心感激「海軍」給予他豐富而有意義的人生。徐伯伯說，民國四十三年十一月十四日凌晨，中共四艘魚雷快艇連續發射八枚魚雷，其中一枚命中了「太平」護航驅逐艦的艦首，三個小時後，這艘由美軍贈送的「國寶級」主力戰艦沉沒於大陳島附近，艦上有二十八位官兵因奮力搶救而壯烈犧牲。當時，全國瀰漫著「獻艦復仇」的激昂情緒中；他也一心一意想趕快畢業，為往後二十餘年的臺海危機貢獻一分心力。

人生中的得與失，有時極難用世俗的眼光來衡量。徐伯伯長年在戰艦上服役，再高、再大、再凶猛的風浪，從不曾讓他畏懼過；唯獨退役後，有一次大白天站在自家對面的門前，向自己的「家」看了一眼，卻突然覺得好陌生，彷彿是第一次清清楚楚地看到自己的家長個什麼模樣！那一刻，他突然覺得好心虛、好愧疚！

回想自己的軍旅生涯，總是在黎明前匆匆返家，夜色中踽踽離去，曾經有數次將返回基地時，

▲ 外子服役金門，攝於「八二三砲戰勝利紀念碑」前

妻子或是女兒發燒、病急，他竟也只能準備好熱水瓶和餅乾，匆匆拋下一句「鄰居一會兒就會來，我的同學晚上或許也會來看妳們」，然後轉身黯然離去。雖然他放心地知道在海軍眷村裡，大家如同共乘在同一艘船上，榮辱與共、患難相扶持；眷村裡的同袍及眷屬，都是無數「我」的意志延伸。他的「缺席」，自有他的好同學或好鄰居，會義不容辭來暫代他的「父親」和「丈夫」位置；但長久的分離，女兒有一次竟把他當做陌生的「叔叔」來訪，讓他心中百感交集。

在太平艦事件之後，民國四十七年的八月二十三日，中共解放軍對著金門島上的軍事目標砲擊，一天之內落下五萬七千餘發砲彈。「八二三砲戰」後歷經二十一年，中共持續向金門發動「單打雙停——逢單日砲擊，雙日不砲擊」的戰略，開啟了中國海峽兩岸的臺海對峙時代；直到民國六十八年（一九七九年）一月一日，中共與美國正式建立外交關係，才停止對大、小金門等島嶼的砲擊。據徐伯伯說，他聽聞部隊中有一個士官級的弟兄，在一次巡弋任務中，未閃躲過劃過胸膛上的一顆流彈而當場陣亡！那位士官太太，從此便常在眷村裡帶著孩子放風箏，有人問她的孩子為何要放風箏？孩子天真地說：「媽媽說，想念爸爸的時候，就把心裡的話寫在風箏上，牽長線放起風箏，爸爸就會收到、讀到我寫的信了！而且，我還有記得告訴爸爸，媽媽現在很好，不用擔心喔！」多年後，那位士官太太過世，傳承父親志業而投效海軍的兒子到母親房裡收拾遺物，打開衣櫃，竟然發現了滿滿一櫃子的破損風箏！

書寫我陸眷的童年故事時，總是淚眼模糊；但當我聽到一個個左營海眷的故事，為何沒來由的，我也感覺心裡頭酸酸的、鹹鹹澀澀的，彷彿有海水的味道！說不完的眷村陸、海、空故事，道不盡的時代變遷辛酸！臺灣，從民國三十八年能夠屹立不搖至今，是多少屢仆屢起、屢敗屢戰的陸、海、空健兒築起的「海上長城」呀！而這一道長城，非磚土興建的；乃是三軍將、士、官、兵的堅強意志力，與其眷屬們源源不斷，無數愛家、愛鄉、愛國的心血與歲月熔鑄而成的。

海水的鹹味裡，藏著許多人們的夢想，也有海眷子弟抹不去的童年回憶。在那片海天一色，白茫茫的夢中，一波波浪裡來、浪裡去的海軍弟兄，正不分彼此，手牽著手，笑容燦爛的迎向晨曦、迎向滔天巨浪。他們在夢境中已漸行漸遠，我著急地想大聲呼喊：「等等我吧，請你……」讓我向你們行個舉手禮，由衷、依依地；希望這個最敬禮，還來得及傳送給你們，敬愛的海軍父兄們。

1. 豆瓣醬傳奇
2. 明星之鄉
3. 陳伯伯
4. 傅家館子
5. 李家羊肉
6. 岡山空小
7. 崗德村
8. 健鷹村
9. 院內村
10. 查戶口
11. 光復新村
12. 二高
13. 正氣村
14. 致遠村
15. 趙伯伯
16. 醒村
17. 樂群村
18. 勵志村
19. 欣欣市場
20. 新生村
21. 康樂村、自強村
22. 實踐新村
23. 貿易十村、
大鵬六村、
大鵬九村
24. 成功村
25. 防空洞
26. 領眷糧

郭聖華/繪圖

夢憶岡山

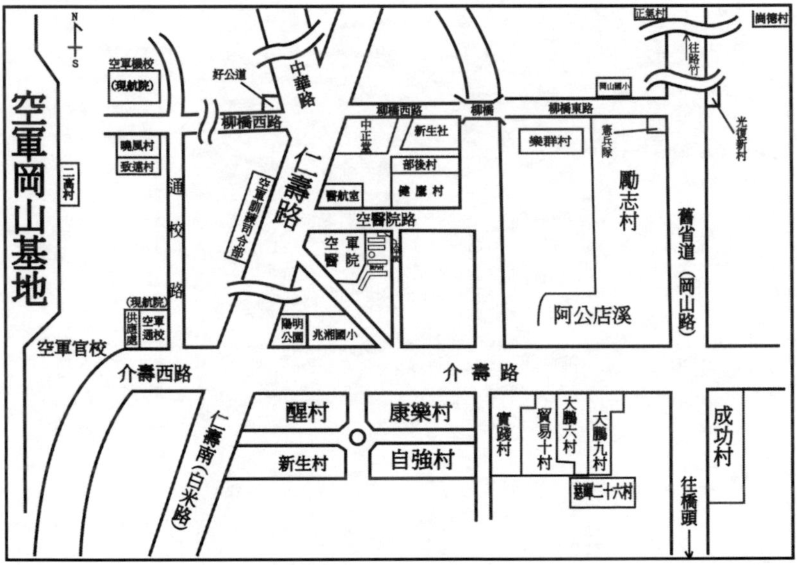

▲ 空軍岡山眷村圖／郭聖華繪製

前言

岡山自古以來即為軍事重地，明鄭時期設有：前鋒、後協兩營；清領時期，根據清高宗乾隆二十五年（西元一七六〇年）所繪的〈臺灣民番界址圖〉顯示，設有：竿蓁林汛。日據時期，則為日本海軍的航空基地；約在民國二十年（西元一九三一年）一月左右，即設有航空修護廠與海軍航空隊駐紮。

光復後，國民政府接收日本的航空修護廠與海軍航空隊基地，撥交空軍，成為「空軍岡山基地」；民國三十八年（西元一九四九年），國民政府遷臺，大量空軍人員與眷屬湧入。岡山的空軍單位最多時，計有：空軍訓練司令部、空軍官校、空軍通校、空軍機校、空軍醫院、空軍供應處、空軍子弟學校、防砲部隊、大崗山下與小崗山下的戰備機場等。

當然，如此龐大的單位駐紮在此，眷村自也應運而生。若依行政區域分布來看——復興里：二高新村；協和里：協和、曉風、致遠等三村；忠孝里：樂群、勵志等兩村；岡山里：光復新村（唯一的陸軍眷村）；灣裡里：正氣新村；大莊里：崗德村；信義里：部後、健鷹、院內等三村；仁愛里：醒（含：筧橋）、新生、康樂、自強、實踐等四村；四維里：貿易十、大鵬六、大鵬九、慈恩二十五等四村；和平里：成功村。

根據來自網路的不完全統計資料顯示，有兩個說法：一、岡山眷村最多時，為二十二處（共二六九二戶）；二、岡山眷村總數，為十八處（二五五七戶）。這兩個說法，何者正確？恐有待學者，進行詳細的研究與資料比對了！

▲ 岡山名產豆瓣醬

豆瓣醬傳奇

說到「東北有三寶」，國人皆知是「人蔘、貂皮、烏拉草」；而講到「岡山」的「三寶」，就不見得人人皆知了！

岡山的「三寶」，即是「蜂蜜、豆瓣醬、羊肉米粉」；其中，豆瓣醬則道道地地出自空軍眷村，而遠近馳名的。迄今，岡山生產豆瓣醬的廠商，計有三家——明德、哈哈、梁記（唯一日據時代的岡山在地老店，原販賣日式醬菜；光復後眷村的豆瓣醬興起，才轉而生產豆瓣醬），每家皆各自擁有自己固定的愛好族群。出身岡山的眷村人，大多偏愛「哈哈豆瓣醬」；何以如此？這就要從豆瓣醬的傳奇故事說起了！

岡山最早建立豆瓣醬品牌，並且外銷美國的是「明德」；但是，銷路最廣的則是「哈哈」。「明德」、「哈哈」的創辦人，早年都服務於岡山的空軍單位；也都曾是先父的同事。幼時，曾聽父親說起這段故事：

創辦「哈哈」的陳伯伯是四川人，他將四川用蠶豆製作豆瓣醬的技術，轉於「美援」的大量黃豆之上，獲得了成功。此時（約民國三十九年），因被檢舉參與「鴨蛋教」（即「一貫道」，當時乃政府列名查禁宗教之一），而被迫退役的「明德」創辦人——劉伯伯，在接受了陳伯伯傳授此一技術後，開創了「明德」品牌的豆瓣醬生產，養活了一家人。

而後，陳伯伯也創立「哈哈」的品牌，成為「兩強」的局面；但是大家都說，陳伯伯留了一手祕技，所以「明德」不及「哈哈」。小時候，我也曾與父親去過陳伯伯位於「新生村」的家裡，看到一缸缸豆瓣醬、醬菜、豆腐乳……等等的「醬缸事業」；陳伯伯總親切招呼我們這對四川同鄉父子。陳伯伯也總說：做這一行沒有什麼祕技，靠的是細心拿捏醃製時間，要恰到好處；他強調：不是每缸都做得好，做壞的、做不好的絕不賣，所以有時也要蝕點本。

每次，父親上「哈哈」總是大採購；因為除了自己吃外，還包含寄送中、北部的親朋好友。父親下飯拌麵，也總要來點「哈哈豆瓣醬」；吃稀飯也要有「哈哈醬菜」相配。「哈哈」滋味，也就如此成了我們童年記憶的一部分。

▲ 仁愛路昔時的「遠東百貨」今況

我讀國中時，教國文的導師，大我們約十餘歲；他也出身岡山眷村。導師上課中，也提及他小時候，岡山眷村製作的豆瓣醬乃是整缸挖著賣，一點也不講究——就以報紙盛著，秤斤論兩地賣；後來才講究些——改用牛皮紙。不過，在我的記憶中，只餘豆瓣醬都已用玻璃瓶盛裝的印象了！後來，陳伯伯也買下隔著仁壽南路（後改為『白米路』），與「新生村」相鄰的地，蓋起了「哈哈醬園」的工廠；而告別了「客廳即工廠」的時代，正式邁向工廠化生產管理的新里程。

不過，父親過世後，我們在三餐方面，對「哈哈」的依賴就不那麼深；只是，當我進了大學，方知業師沈謙先生嗜食「哈哈」。在我送過沈先生一次之後，他就經常請我代購。而我每次返校，背包中一半以上的空間，總是裝著沈先生所託的「哈哈豆瓣醬」、「哈哈醬菜」；有一回，沈先生跟我抱怨，我剛交給他的「哈哈豆瓣醬」、「哈哈醬菜」，一回到系辦公室就被搶光了，他連一包也沒能留下。至此，我才知道——喜愛「哈哈豆瓣醬」、「哈哈醬菜」的師長，大有人在。

大學畢業，初到臺北謀生的那幾年，位於仁愛圓環的「遠東百貨」還在。有一晚因家教學生月考前要加課，而課畢末班公車時間已過，我只好步行回住處；當時夜深人靜、車輛稀少，走過仁愛圓環的「遠東百貨」，正好「哈哈」的送貨車駛來卸貨，頓時勾動心中的一股鄉愁升起。我很想問：「君自故鄉來，應知故鄉事……」，但終究沒開口；駐足幾秒，我還是決定離開。我只能在心中暗暗羨慕——送貨的司機，再怎麼辛苦奔波於南北，但每天都可回到溫暖的家；而我這個離鄉遊子，卻只有長假才能回家啊！

多年過去，仁愛圓環的「遠東百貨」已經不在；陳伯伯也過世多年，沈謙先生也走了幾年。而我也好多、好多年，未在深夜再見「哈哈」的送貨車；但每當在超市看到「哈哈」產品時，總不禁教我想起這些事與人……

明星之鄉

根據不完全的網路統計資料顯示，紅極一時的演藝明星中，至少有十位是出身於岡山的眷村；他們分別是：

民國五十五年，因參加「正聲廣播公司」歌唱比賽獲得冠軍，而成為「盈淚歌后」的姚蘇蓉，是出身於「成功村」。

民國五十五年，也因參加「正聲廣播公司」歌唱比賽獲得冠軍，並於民國五十九年成為「香港十大歌星」，而後再因演出電視連續劇「星星知我心」致紅透半邊天的吳靜嫻；則出身「康樂村」。另如流行歌曲教父的「青蛙王子」高凌風，則出身「自強村」。

而創作與演唱「龍的傳人」的民歌手侯德建、演唱

▲ 繆家兄弟合影於新生社大門

「那一盆火」成名的民歌手包美聖，則都出身於「致遠村」。在民國五十九年，參加「正聲廣播公司」歌唱比賽獲得亞軍，立即被臺視網羅為基本歌星，並集唱、演、主持綜藝節目於一身的美女托懿芳，亦出身於「致遠村」。

前中視八點檔男主角，得過「金鐘獎最佳男主角」，至今仍活躍於螢光幕的演員張晨光；曾任華視節目部美術指導，後成為「名室內設計師」的杜文正（亦是名演員江霞的先生）。他們兩位，就都出身「醒村」。

民國六十年代電視名反派演員楊忠民、演歌雙棲永遠美豔的藍毓莉（並有「臺灣第一美腿皇后」稱號）；他們則出身於「勵志村」。

同樣也在「勵志村」，還有一對伉儷明星——孟昭勳、傅淑雲老師；這就鮮有人知了！孟老師和傅老師晚上在岡山天后宮，教授國術；父親與大哥跟隨傅老師習太極拳，弟弟則隨孟老師習少林拳（我對習拳沒興趣，但也帶著書本跟著去讀）。民國六十一年，孟老師和傅老師與當年僅十八歲的林鳳嬌，以及韓國華僑譚道良等四人，一起演出了電影處女作——「潮州怒漢」；從此，林鳳嬌和譚道良都紅了！而孟老師和傅老師因年紀大，也志不在此，再又演了幾部電影後，就於民國七十二年，應文化大學體育系成立國術組之聘，前往任教了！

不過，說起孟老師和傅老師，因為我曾有接觸，因而印象深。孟老師爽朗，談起他擅長的黑虎拳、白猿通臂，常語帶誇張；傅老師為人含蓄，但卻是民國二十四年全國第六屆國術比賽的「器械女子雙人冠軍」，民國二十五年入選為「奧運武術表演隊」的武術高手。只可惜今日無緣再見她老人家；因傅老師已於民國九十三年過世，享壽八十九。

其次，老牌演員盧碧雲，因先生是空軍飛行員，也曾隨夫住過岡山眷村。後來電視興起，盧碧雲成為最早的一批電視演員；因此，嚴格說起來，盧碧雲也是「過了『岡山眷村』水的演員」。

除此之外，「臺視晚間新聞」前當家男主播白詩禮，也出身岡山眷村；名氣象主播馮鵬年，出身空軍住岡山，並在空軍官校擔任氣象教官多年，才轉往臺大任教且跨入電視。不過，如今年輕人只知「電音天后」謝金燕，號稱「亞洲第一美腿」（以其修長比例而言），而不知前有藍毓莉；只知氣象播報權威任立瑜，而不知當年馮鵬年的名氣亦無人能比。這真是時光流轉，「長江後浪推前浪」的使然嗎？

讀大學時，有回返家在市場遇到國小時代的同學；由於許久不見，聊得十分高興。談話中，她突然提到當時電視八點檔的玉女紅星程秀瑛，並問我：記不記得她小時候的樣子？我一時「丈二金剛摸不著頭腦」；她見我愣住，才趕忙提醒說：「她哥哥不就是我們隔壁班的程某某嗎？」不過，對於程兄我還有些印象，除了我們下課時常聊天之外，也因為冬天他總穿一件很漂亮的「艾森豪夾克」，所以記憶較深。至於，他的妹妹，說真的我一點也想不起來。我找過資料，知道程秀瑛的確出身軍人家庭；但她真的也出身岡山眷村嗎？我未再進一步求證，是以不敢就此咬定；那就聊誌存疑，待有心人，再去考證吧！

至於，出身岡山「保安警察第五總隊」宿舍（警察眷村），擁有母系原住民血統的歌星高勝美；則屬另類岡山眷村（非軍眷村）的明星。

我常想：是岡山的風水因素，或是岡山眷村的獨特氣息；方使成長於岡山眷村的明星，一如天上的繁星？這恐怕是一個難以說得清的問題吧！年輕一代的藝人中，由籃球國手轉型成功的藝人——「黑人」陳建州，聽說是出身於「致遠村」；此外，亦已多年未聞岡山眷村，再出現年輕一輩的明星了！

高凌風曾在《岡山樹色新》一書中寫道：「岡山的眷村子弟加入演藝圈的人很多，比較常來往，很熱愛岡山的人包括吳靜嫻、藍毓莉、姚蘇蓉等人。藍毓莉父親官階很高，做到少將，在我們這些青少年的眼中，她更是高不可攀的美女。有人常說岡山出美女，但是最近我去岡山都沒有再看到美女，朋友說：『岡山是美人窩，只是美女都跑掉了，只剩下一個窩。』」或許高凌風的朋友說得對；但也或許是這一個時代的殞落！

以往岡山眷村出明星，大概也是歷史追憶的一部分了！

▲ 空軍醫院航醫室新貌

陳伯伯

陳伯伯是我們村裡，唯一的臺籍軍官住戶；陳伯伯住進村子，遠較我們一家人早。陳伯伯是讀齒科科班出身的；他怎麼成了空軍軍醫，並當上空軍醫院的牙科主任，說實話我並不清楚。

以陳伯伯的年紀而論，他若不是出身「臺北帝國大學醫學部」的齒科，就是留日學齒科的臺生。陳伯伯醫術好又重醫德；母親至今都還感激他。因為，大哥約一歲多的時候，母親放了張小桌子在床上，方便餵飯給他吃；有一天晚餐後，大哥高興地跳啊跳，結果撞到嘴唇造成口內大量出血。母親抱著大哥急奔急診室，值班的內科醫

▲ 繆家大哥兒時餵雞照

官做了簡單的止血手續；回家後仍無法止血，再又奔急診室，但醫官都去看電影了！等到外科醫官回來，仍是再做了止血回家。

直到天亮，大哥的出血已染紅了整大包衛生紙，母親才鼓起勇氣，向對面的陳伯伯求援，陳伯伯一看就說趕快送牙科；陳伯伯也隨後就到牙科幫大哥縫合口內的血管。陳伯用閩南語斥責母親：「妳生完孩子忘記痛了嗎？妳再晚一些送來，孩子就沒救了！妳難道沒看出來孩子已經是失血太多了嗎？」母親偌偌的回應：「昨晚想過向您求救，但您全家也去中正堂看電影了！」陳伯伯說：「看電影到十點多也回來了！即使半夜妳敲我家門也不過分，救人第一！」

在陳伯伯的高超醫術下，大哥撿回了一命。

記憶中，父親曾這樣提起過陳伯伯：「他總是說：你們國民黨如何、如何……」；說明他的不滿！而我僅存的記憶中，陳伯伯是形象模糊的：我記得他家的電唱機，總是流洩出日本歌曲和古典音樂；他與陳媽媽兩人都用日語交談，我沒半句聽懂的（我們全家就只有媽媽聽得懂日語）。

陳伯伯有一個兒子，年紀大我們很多；我們很小時候他就已經成人了！聽媽媽說，我是搬到村裡才出生的；先前大哥剛出生時，父母經營醫院裡的福利社（並住在福利社），一日陳伯伯的兒子，在醫院中觀賭，拿了三張偽鈔來向母親買三包菸，一張一包都要個別找錢，說是賭客所託。母親將錢退還沒賣菸給他。此事父親向陳伯伯說了，陳伯伯罵兒子說：「你怎麼跑去騙老闆娘這樣的好人，還有下次我絕對打死你！」

這些都是僅有記憶中，拼湊出來的片段。後來，陳伯伯榮退，他就帶著家人搬回臺南老家開業；再後來，我們就沒了陳伯伯的消息。醫院中升上牙科主任的，雖也是臺籍軍醫，但是醫術卻比不上陳伯伯；而村內也再沒有臺籍的軍上官，只有一如母親的臺籍眷屬，在比例上占軍眷的多數而已！

▲ 蔥油餅與酸辣湯

傅家館子

位在「院內村」的「傅家館子」，在岡山可是遠近馳名的眷村小館；其實，「傅家館子」真正的名號是「經濟餐廳」，只不過我們都這麼稱呼它。

傅伯伯原是岡山空軍醫院的士官，服務於洗衣部；早期也跟著廣東籍的張伯伯，在醫院福利社經營餐飲麵食部。後來，才在「院內村」內的自家開店，而生意愈來愈好之下，也就花錢買下鄰居的加蓋房間，擴大經營。

由於太有名，引起稅務機關的關注，帶來一些相關困擾；其中，用電部分被要求改為營業用電。這一改變，造成傅伯伯成本支出大增。傅伯伯與父親原就是同事，且相友善；於是傅伯伯找父親協助，在父親幫忙申請住宅與營業用電分離下，並施工完善，節省了傅伯伯的電費。

傅伯伯是北方人，拿手的是北方麵食，小時候，我們都在醫院福利社經營餐飲麵食部，吃過他煮的「大滷麵」。而開設「經濟餐廳」後，卻以蔥油餅和酸辣湯聞名。小小的院內村，原先常常停滿空軍的軍官吉普車，後來則愈來愈多的私家轎車；此盡皆聞香下馬而來的饕客與名人。

傅伯伯有四個兒子，傅媽媽則是阿蓮人。傅家老大由空軍幼校直升空軍官校，後來被派留美取得碩士，再入成大航太所得博士學位，並擔任過空軍官校的系主任；是傅家四個兒子之中，書讀得最好的一個。

傅家老二畢業於鎮上的私立高職，從小到大都很努力地跟著父母，經營家中的館子。傅家老三中正預校一期畢業，升入陸軍官校；但服役期限不長，約升至少校即退役，轉業工作於高雄市的中心區。

傅家老四中正預校三期畢業，升入空軍官校；服役於空軍的供應處。傅家老四與我在幼稚園、國中，兩度同窗；而他的妻子又是我高中的同學（同屆不同班），是以較熟。

傅家館子平時靠老二幫忙；放假則老大、老三、老四也投入幫忙行列，正好補上生意最好的時段。傅家老大孝順，連結婚對象都是傅伯伯決定的；他的岳父也出身空軍，父親也很熟。

傅家老二有一位女友，在高雄市區工作；一次他到高雄市區見女友後，於返家途中車禍過世。

這對傅伯伯和傅媽媽打擊不小，但館子還是撐了下來。過了幾年，傅伯伯突發高燒，住進空軍醫院；母親去探望過，傅家老大告知：經檢查為肺癌末期。傅伯伯在醫院沒多少天，就離開人世了！

傅家館子在傅伯伯過世後，就歇業了！再過了幾年，老三、老四都結了婚。接下來，老大、老三、老四，也都升格當爸爸；傅媽媽也成了祖母。看似苦盡甘來的傅媽媽，其實在老二與傅伯伯過世後，心情就不是很好；再加上健康也不是很好的情況，就顯得鬱鬱寡歡。某日，傅媽媽喝下了浴廁清潔劑自殺；幸而發現得早，傅媽媽的命保住了！為了傅媽媽的安全，出院後老大、老三、老四，安排她住進療養機構。這項消息，對我們來說也十分難過！

隨著岡山眷村的遷移與拆除，我已經多年不見傅家兄弟；對於傅媽媽的情況，也失去了消息。相信對於嗜食傅家館子的饕客來說，傅家館子也成了永遠的懷念！

我經常於外地遇到初識的朋友，談起我原居岡山，又是住在「院內村」，總會被問起傅家館子的事；大家都認為傅家館子的歇業，一如眷村的消失般，教人歎息！也許，這是一個時代的結束，也是一段闔上書扉的故事。

▲ 崑成羊肉（李家羊肉店面）

李家羊肉

在「院內村」內，與「傅家館子」隔鄰的李伯伯，是同樣在餐飲方面闖出名號的「李家羊肉」創始人；但不同的是：「李家羊肉」，選擇在鎮上開業，而非在村裡與「傅家館子」並立。

「羊肉米粉」是岡山名食，而從業者皆是本省人；「李家羊肉」殺出，並成為今日第二代仍繼續經營的老店，亦是奇蹟。

李伯伯也是士官，與父親、傅伯伯一樣，任職於空軍醫院；我讀國小時，放學回家的路上，總會遇見下班的李伯伯推著麵攤車，準備去做生意。李伯伯擺攤的地點很好，位置在仁壽路與柳橋西路的十字路口上；隔著仁壽路就是「中正堂」，而隔著柳橋西路，是鎮上有名的「好公道」麵館。

其實，李伯伯的麵攤不是十字路口上的仁壽路第一家，十字路口上的仁壽路第一家是賣臭豆腐、燒酒螺、大海螺的攤位；但兩家緊緊相連，都是供應晚餐與宵夜的店家。李伯伯的麵攤，原先就是賣賣滷菜、麵食和啤酒；但因鄰近「中正堂」，也成了生意興隆的原因之一。

以往鎮上三家戲院——「岡山大戲院」、「岡山小戲院」、「中正堂」三家並立，只有「中正堂」是屬於空軍經營，且票價最為便宜；因此，其他兩家私營戲院，儘管上檔的片子比較新，卻仍非「中正堂」的對手。看電影前吃碗麵、電影散場後吃個宵夜，也就造成了這個十字路口飲食商業的發達。

至於，李伯伯何時開始做起羊肉料理，並越做越大且成為招牌；說實話，我也記不清了！「李家羊肉」從麵攤到固定的店面，在岡山算是站穩了腳跟。

李伯伯家的老大與大哥同齡，老二略小於弟弟，小妹比弟弟小更多；因此，我都跟他們有段距離，倒是大哥與弟弟比起我還熟悉他們。李家老大也讀中正預校一期，後進官校；他服役年限一到就退役，與高中畢業的老二，一起接起李伯伯的生意。

兒時由於父親常帶我們去「舊市場」，吃某一家店的「羊肉米粉」；因為父親說這家最道地，我依稀記得老闆娘是臺日混血兒。當時，「羊肉米粉」店都集中在鎮上的中心區，料理方式並不多元。這也就像我初到臺北工作，當時「東來順」、「西來順」兩家餐廳，冬季僅「涮羊肉」一枝獨秀般，總也秀不出其他名堂。

我也不知道岡山羊肉料理的多樣化，是否由李伯伯帶入外省烹飪技巧所致；但如今，岡山羊肉的料理多元且推陳出新、名店眾多，確實非兒時之日可比！

不過，據我所知，李伯伯的的確確是岡山唯一出自眷村的「羊肉料理」老店；李伯伯從推著麵攤車開始，能夠延續至今，也真的不容易。李伯伯的「羊肉料埋」，象徵著臺灣與大陸烹調技術的融合；正如外省的李伯伯與本省的李媽媽，共組的家庭一樣……

如今，「中正堂」在兩家戲院歇業多年後，也走上相同的命運；現在的「中正堂」改為「國軍岡山福利站」，也已經許多年。岡山已無戲院，但「李家羊肉」仍在；欲尋舊日滋味，或許還可回味！

▲ 兆湘國小

岡山空小

民國三十七年十二月，空軍官校遷臺；接著，空軍主力也隨之移臺，各機場附近出現安置眷屬、子女教育的問題。在此因素之下，空軍眷村應運而生，為空軍子女教育的「空小」亦隨之誕生（以目前回溯可知，全臺的「空軍子弟學校」曾有過十五所；分別位於：臺北、桃園、新竹、臺中、虎尾、嘉義、臺南、岡山、東港、宜蘭、花蓮等，空軍較大基地與眷村的所在地中）。

民國三十八年，政府軍政人員大量遷臺，岡山因是空軍官校所在地，又為空軍最重要的基地之一；因而，坐落介壽路上的「空軍司令部附設岡山子弟小學」，於四月一日設立；接著，在二高的「空軍總部附設二高小學」，也於五月設立。

「空軍司令部附設岡山子弟小學」的地點好，西邊是陽明公園；隔著介壽路，對面西起醒村一直連接到最東面的成功新村，而北面有：院內村、健鷹村、部後村，東北面有：勵志村、樂群村等，十餘個眷村子弟都受惠。

「空軍總部附設二高小學」，只有位於二高的自立、新建、仁愛和二高等四村子弟受惠。至於，位在「空軍機校」旁的曉風、致遠、巨輪等三村子弟，不論距離「空軍總部附設二高小學」或「空軍司令部附設岡山子弟小學」都遠；選擇學區內的「前峰國民學校」就讀，就大有人在。

「空軍司令部附設岡山子弟小學」與「空軍總部附設二高小學」，設立之初都僅有一至兩排平房教室，相當克難；但是校規嚴、升學率高（不少畢業生，都能考進當時的第一、二志願初中——「省岡中」、「縣岡中」）。

後來，為配合九年國民義務教育的規劃，「空軍司令部附設岡山子弟小學」，先於民國五十五年八月一日改隸高雄縣政府，更名為「高雄縣立兆湘國民學校」；民國五十六年八月一日「空軍總部附設二高小學」，亦改隸高雄縣政府，更名為「高雄縣立筧橋國民學校」。至民國五十八年，全面實施九年國民義務教育後，全國「國民學校」再一律更名為「國民小學」。

從更改的校名來看，就如「臺北市立懷生國民小學」般，一眼就知來自空軍。「兆湘」校名的由來，乃為紀念王兆湘烈士；王烈士是民國四十六年四月十五日，駕RF-84型飛機深入大陸執行空中偵察任務，於上海返航途中，不幸被共軍擊中，然奮力衝出，卻仍於韓國濟州島墜機殉國。而「筧橋」的校名，乃取自「空軍子弟小學」與「中央航空學校」的創立地——浙江省杭州市的筧橋，以求毋忘筧橋並全力宏揚筧橋精神。

「兆湘」校園內有王兆湘銅像（銅像下的紀念碑文，詳述王烈士犧牲經過）；改隸造福了非屬空軍眷村的白米、劉厝等里居民，解決了學童必須遠道就學的問題。家住劉厝里的表哥，就是受惠者之一；早年校園內還有未遷墳堆，當年表哥就曾告訴我，一些流傳於校園裡的繪聲繪影鬼故事。

「筧橋」的改隸，也造福了鄰近岡山鎮，沒有空軍眷舍的彌陀鄉居民。然而，在眷村人口老化、拆遷下，再加上少子化的嚴重衝擊；「筧橋」已經在民國九十二年六月三十日吹起熄燈號，改為公辦民營的「高雄縣沐恩之家和平家園」，令人不勝唏噓！

不過，「筧橋」並非第一所改隸後廢校的「空小」；第一所廢校的是「臺北市立粹剛國

▲ 王兆湘紀念銅像

民小學」，它原也是臺北的空小，改隸後於民國六十四年廢校，原址作為市立盲聾學校分開設校的「啟明學校」（後來啟明學校遷天母，該址改為市立圖書館啟明分館）。

如今，仍然健在的空小改隸國小，計有十三所，分別為：臺北懷生國小、桃園陳康國小、新竹載熙國小（乃紀念駕U-2偵察機，赴大陸偵查犧牲的新竹籍吳載熙烈士；亦為唯一以本省籍殉職飛行員為校名的改隸空小）、臺中省三國小、臺中汝鎏國小、虎尾拯民國小、嘉義志航國小、臺南志開國小、岡山兆湘國小、東港以栗國小、宜蘭南屏國小、花蓮鑄強國小等；可供人追憶懷念。

其中，岡山的「兆湘國民小學」，自民國三十八年四月一日創校至民國五十五年八月一日改隸為止，共計十七年四個月歷史的「空軍司令部附設岡山子弟小學」時期（其中，還曾經在小崗山的崗德村，有過一個「崗德分校」）；畢業校友後來有傑出的表現者不少，且遍布於海內外，而在臺灣最傑出的校友有：曾任新埔工專（今聖約翰科技大學）校長的張中平（民國四十三年入校）、曾任臺灣大學校長的李嗣涔（民國四十七年入校）、心臟科名醫趙剛（民國五十二年入校）等三人。

目前，全臺空小的網站，已經設立有一段時間，提供海內外的「空小人」的交流；從中亦見「空軍司令部附設岡山子弟小學」與「空軍總部附設一高小學」，其眾多畢業校友，魂縈夢牽的記憶……

▲ 鳳山中正預校除役展示飛機

崗德村

岡山最偏遠的眷村，除了位於西邊，鄰近早年彌陀鄉「二高」的自立、新建、仁愛和二高等四村之外，就屬東邊位於岡山大莊與阿蓮鄉交界小崗山的崗德村；而崗德村也是岡山最早廢村的眷村。

大約在民國六十年代，由於「漢翔飛機公司」欲設立於崗德村的所在地；因而，崗德村就全村遷往曉風新村了！

我就讀國中時期，崗德村還在。當時，我的同班同學中，有兩位與崗德村有關；分別是徐同學和趙同學。

徐同學是小時候住過崗德村，徐父原為父親在官校時的同事，他與他的弟弟、妹妹，都在岡山空軍醫院出生。那時父親已經調至醫院服務，徐伯伯每天辛苦來回官校、醫院與崗德村；所以，父母親就都常常義務幫忙他們。當徐同學的弟弟、妹妹出生時，他們都在我家住過、吃過飯。徐伯伯家裡也養了雞鴨，曾經還麻煩母親幫忙賣，但當時大家皆窮困，母親沒能幫上忙。聽母親說，徐媽媽曾告知：徐同學的妹妹，是她向神明許願所生；後來徐同學的妹妹，約十歲時因血友病，花費不少錢醫治，但仍不治而亡。徐媽媽十分傷心自責，直說她無生女兒的命，實不該強求。

國中時期，趙同學還住在崗德村，他每天必須花很多時間在通學上。記得，工藝課時，我們做毽子；趙同學家因養了珠雞，使用了珠雞的羽毛，得到很高的分數。珠雞的羽毛十分漂亮，其白底黑點的特徵，引起了我的興趣；我詳細請教了趙同學，有關珠雞的飼養及一切。趙同學不厭其煩地向我解說，還熱情地邀我去他家看；但礙於路途遙遠，以及升學壓力下，我只能放棄！回家我跟母親提起，母親表示：以前家裡也養過；但我是怎麼也回想不起來。

國中畢業，我們失去聯繫；不知道他們兩位如今可好？

崗德村為空軍後勤人員眷舍，計分上、下兩村；上村為軍官眷舍，下村為士官兵眷舍。若沿著大莊路進水庫路，再左轉進去，上村位於東南邊的高地上，約二十戶左右，房舍呈「非」字形排列（右為一至十號，左為十一至二十號），有前後院；據說為日據時期日人的馬廄，再加泥土隔間克難而成。而下村位於靠西邊的山坡下，約百餘戶，各戶規模不及上村。在「空軍司令部附設岡山子弟小學」時期，村內有其「崗德分校」。該分校乃是利用廟宇改建而成，設有一至三年級的分班；四年級以上的同學，就皆須至「空軍司令部附設岡山子弟小學」的本校就學。崗德村附近，有小崗山的數家水泥廠；其中，以嘉興水泥公司最大。「崗德分校」廢校後，崗德村有部分小朋友便隨嘉興水泥公司子女，搭公司交通車至前峰國小上學。

在崗德村，擡頭可見小崗山、大崗山，也可看見小崗山上纜車來回運送水泥的景觀；鄰近的阿公店水庫，景色宜人。崗德村真可說是世外桃源的岡山空軍眷村；但出入交通不便，則是唯一的缺點。

崗德村的遷村是政策因素所致；但究竟是好抑或不好，實難客觀評價。然而，它的首先走入歷史，也成了岡山空軍眷村的第一；崗德村在臺灣眷村歷史上，自有其不可磨滅的地位了！

▲ 飛官演練前的說明

健鷹村

一條東西向的空醫院路上，西邊靠南的是空軍醫院，東邊靠北的就是健鷹村。而健鷹村的北面則連著部後村；部後村很小，連大門也沒有，就像是健鷹村的一部分。

健鷹村的大門，位於村子的南面；對著大門即是村子的中央大道，順著大道朝村內走，兩側房舍亦呈「非」字形排列。大道中心左側（西邊），即是「婦聯會」所辦的「健鷹幼稚園」；哥哥和我都是「健鷹幼稚園」的畢業校友，而弟弟則是首屆肄業生。「健鷹幼稚園」因經營不善，於民國五十八年宣布停辦，走入歷史；校園成了廣場，教室成了健鷹村的村辦公室。

我是「健鷹幼稚園」最後一屆畢業生，雖然失去了母校；往日的記憶，仍在心頭。「健鷹幼稚園」的園長桂懷麗老師，就住在健鷹村內；負責我們午餐的廣東籍老嬤嬤，也住在健鷹村內。老嬤嬤用炸完豬油的油渣，煮麵給我們當午餐吃，有同學不喜歡吃，總會被說教一頓；想想當年真是物資缺乏又貧困啊！

我在幼稚園到國中初期的年代，常常看到空軍軍用卡車，載著一群群穿著金黃色飛行服的飛行員，進出健鷹村；少數開著空軍軍用吉普車的飛行員，幾乎都是較高階的中校級軍官。這也因為健鷹村是空軍官校飛行教官、文職教官、地勤人員的眷村。不過，也住有少數像是空軍醫院官士兵的眷屬們。

住在健鷹村的人物中，我印象最深的是——與我在幼稚園、國中，兩度同窗的王同學，他很頑皮，從小到國中都不改愛捉弄人的壞習慣。而他的爸爸是官校教官，也是人稱「王老虎」，在家私設英文補習班的英語名師；國中很多同學，都到他家補習。其次，廣東籍常擔著菜叫賣的季媽媽（閩南語講得極好），與我父母親相友善；她年輕即守寡，拉拔兒女成年，也是我們從小尊敬的長輩。小時候，我也曾吃過季媽媽包的鹼粽，沾著砂糖很好吃。

而小時候對健鷹村的記憶，還有一樁；即是跟著家人到健鷹村看露天電影。我還記得十分清楚，綁布幕的繩子就繫在大門兩側，我們搬著凳子，排列整齊地坐在大道上；看的是「臺灣電影公

▲ 作者健鷹幼稚園畢業照

司」出品的「西施」。當時真是人山人海，還有人端著晚餐邊吃邊看的；但看到一半片子燒了，等著修復再接上，等了好久。

然而，健鷹村最為人熟知，實因民國七十四年夏天，李祐寧導演在此拍攝了「竹籬笆外的春天」的電影。「竹籬笆外的春天」在眷村拍攝，說的又正是眷村的故事，意義自是深長！該片李導演用了不少「大卡司」的演員，如：鍾楚紅、蘇明明、林瑞陽、費翔、陽帆、李麗鳳、陳慧櫻、小戽斗、林秀玲、薛漢、陳志珍等人；而健鷹村全村人，也都成了片中的臨時演員。相信對於感慨眷村的改建與消失者而言，此片殊堪回味！

李祐寧導演後來在他的《Zoom in南臺灣》一書中，對於在健鷹村拍攝此片，從找景、拍攝到殺青的每個階段，仍有很深的感動和感激！拍片期間，是我在外地讀大學的時期；未能躬逢其盛，深以為憾！

眷村拆遷前，我返回岡山辦手續，有一部分是到健鷹村辦理的；而遷到「勵志新城」後，隔壁住的曹伯伯和曹媽媽，即原住健鷹村。曹伯伯是「一二三自由日」，由韓戰來臺的「反共義士」；其一兒為警察，一女已出嫁。前些年返家，我總要探望兩位老人家，曹伯伯很健談；後來曹伯伯去世，曹媽媽跌倒受傷被送往養老院。這些年再返家，我總感到有些失落了！

我想對我而言——也許曹伯伯和曹媽媽的消失，才是健鷹村真正在我心中的消逝吧！

▲ 作者與父叔、兄弟攝於空軍醫院舊營房前

院內村

在岡山眷村中，「院內村」屬於迷你型的空軍眷村。它也是和「部後村」一樣，是沒有大門的眷村；但不同的是，它本身就位在「岡山空軍醫院」的東南角落上，村內住的全都是醫院的軍士官眷屬。

「岡山空軍醫院」的前身，乃民國二十七年創立於雲南昆明的「空軍第二醫院」。民國三十七年底至三十八年初，該院隨空軍官校遷來寶島岡山，更名為「空軍官校覓橋醫院」；同年五月一日，擴編為「岡山空軍醫院」。此後即以五月一日為院慶。

民國七十五年，「岡山空軍醫院」更名為「國軍八一四醫院岡山分院」（註：因「臺南空軍醫院」更名為「國軍八一四醫院」，「岡山空軍醫院」成為其分院）；民國八十六年三月二十一日，遷院至原「空軍訓練司令部」舊址，原院區廢置。

民國八十七年七月一日，擴編成為第四級國軍醫療單位——「國軍岡山醫院」；民國一〇二年一月一日，再與「國軍高雄醫院」（原「陸軍二總醫院」）、國軍左營總醫院（原「海軍總醫院」）整併，改名為「國軍高雄總醫院岡山分院」。

小時候曾聽居住在路竹鄉的外公說過：「岡山空軍醫院」、「院內村」這片地方，原先叫做「雞母崙」（註：「雞母崙」為音譯，極可能與「勵志村」、「樂群村」所在而發音近似的「街尾崙」，非為同一區域；因為其間尚為阿公店溪隔開，若兩地面積相加，大於岡山市街太多）；因日據時代遭日軍徵收為軍事用地，原居民被遷至今大遼里安置，而當地就被稱為「新雞母崙」。外公也說：「你們現在所居，我們以前都稱作『舊雞母崙』」。

▲ 作者父親戎裝照

同為兒時，我也聽父親提起：「空軍訓練司令部」，原來是日據時期的軍醫院；而「岡山空軍醫院」的開刀房（手術室），即為原日軍軍官俱樂部的酒吧。至於，「岡山空軍醫院」是否就是接收日據時期的日軍軍官俱樂部，所改建而成；這一點我未詳問，所以不敢肯定。

不過繞了一圈，如今醫院還是遷回到日據時期的原址座落；我們政府的規劃，看來實在不比日本人高明啊！然而話說回頭，「院內村」則是國民政府遷臺後，「岡山空軍醫院」所自行增建的眷屬宿舍；應該是不會錯的。

而「院內村」就兩排平行房舍，呈現「ＩＬ」的排列情況；全村就二十幾戶人家。原先並無軍官與士官之分，後來逐漸形成軍官一排（Ｌ）、士官一排（Ｉ）；但「Ｌ」形的這一排，只有與「Ｉ」相對的部分住軍官眷屬，而「Ｌ」彎過去的部分卻仍住士官眷屬的（「傅家館子」在此，「李家羊肉」的主人也住此）。「岡山空軍醫院」還有部分的軍官和士官，是住在「健鷹村」的；不過，也就是一小部分而已。

事實上「院內村」，一直是個非官方的稱呼；這個村名，實際上是出自父親之手。因為，根據空軍總司令部，民國五十八年所頒「空軍眷舍居住憑證」的記載，它稱為「健鷹乙村」；依據戶政上的記載，它屬於「空院路」上的住戶，而後變更為「空醫院路」的七十九巷住家。

父母親是在民國五十一年，分配到「院內村」的眷舍，而遷入居住；早期連門牌都沒有。父親擔任村長時，除了將它命名為「院內村」外，也請任職陸軍軍官的二叔，以一手秀麗的楷書，於父親掏腰包買來漆上白漆的木板上，工整地書寫上「院內村○號」；然後，父親再一一去釘在各家門首上。戶政事務所後來建立戶籍，即依父親所釘門牌，建為「空院路○號」；因此，郵差先生都知道，「院內村○號」就等於「空院路○號」。

我曾經請教過父親：何以軍方的「健鷹乙村」，要改稱「院內村」？父親解釋：「健鷹乙村」是後來「空軍眷舍居住憑證」製發時才有的名稱，原先就只是「岡山空軍醫院」的「眷屬宿舍」；因為，連郵差和訪客都困擾，所以他才命名又編號。只是當「空軍眷舍居住憑證」發下來後，村名與編號都不同，但因大家都習慣接受了父親的命名與編號；又怕郵差和訪客弄錯，就也延續了舊的門牌。此一情況，一直到民國六十七年戶政事務所整編，才改為公發的統一門牌，為「空醫院路七十九巷○弄○號」。

「院內村」在早年就只是一戶一間房而已，當父親分到眷舍時，特別打了報告給院長，獲准自行增建；而後各戶皆援父親之例，而擴建房舍。「院內村」因此而形成一如火車列車式的房舍景觀；家家戶戶都像一條長龍。

「院內村」先前曾有院長住過，父母親遷入時；院長早就不住在這裡了！兒時我仍有印象，對面官舍住過一位薛副院長；但後來也搬走了！一直住在村裡的醫官，就只有前外科主任王伯伯，以及前藥房主任潘伯伯、劉伯伯；至於，其他數位男性護理部主任，都

▲ 繆家空眷居住憑證

先後遷居臺北。村內長住的住戶，仍以士官為主；而士官住的「I」排後段，有數位來臺後未婚的老士官，與住家商量自建房舍居住。這大概是全國眷村都沒有的特殊現象。

原先「院內村」僅兩位寡婦；在父親過世後，出現了奇怪的現象。父親過世當年，又連續有崔伯伯、潘伯伯去世；而後，一年至少以一位離世的速度，使得遷村的民國九十年代，全村幾乎成了寡婦村。我統計過，遷村時，全村尚且健在的伯伯們不超過十位。或許，他們年齡都大了，也是關係；但是，一如父親五十出頭左右的壯年，意外過世者亦多！這好像就像受了詛咒一般，總教人不得不做奇怪的聯想。

「院內村」與「健鷹村」是呈對角線相隔的眷村，交叉點上即是「岡山空軍醫院」的太平間；因此，兩村的孩子都是從小聽哀樂長大的。無獨有偶，「健鷹村」亦有類似情況，但不及「院內村」嚴重；未知鄰近太平間，是否亦有相關？

▲ 空軍官校軍機展示場

查戶口

相信若看過電影「淚王子」，應當就可理解在「白色恐怖」時期下，風聲鶴唳的情況，即使是三軍最受禮遇的空軍，亦不例外。當時，國民政府似乎是「恐共」到了極點；一切措施，都是力求「滴水不漏」地揪出任何一位「潛在匪諜」……

幼時對「查戶口」印象有兩種：一是警察和戶籍員，會在白天來到村裡，擺張小桌子，後面則架起通緝犯的照片，除了在戶口名簿上簽章，也教你認認照片（如果看到照片上相似的人，就有義務要去通報）；另一種就教人很難受了！

至於，這種「查戶口」方式，是屬於我幼時不好的經驗之一；因為，經常是半夜被叫起來，對著戶口名簿，一個個問名字；並還在你迷迷糊糊未醒之際，問些奇怪的問題。來的人一定是政戰人員、憲兵和警察；奇怪的問題，無非是環繞著「思想言論」打轉。他們關心的，似乎就是——有沒有「匪諜在周遭」、有沒有「叛逃疑慮」、有沒有「反政府、批評政府」的言論；而在幼時的感覺上，「查戶口」也是很頻繁的事。

在大哥的記憶裡，還記得我沒有印象的事——服役於陸軍的二叔，一次晚上放假回家過夜，父親覺得夜深了，沒有到派出所報「流動戶口」；但凌晨就來「查戶口」，未帶證件的二叔是軍官，仍被帶走。隔天一大早，父親急忙找人將二叔保出來；以後，不管多晚二叔回來住，一定去報「流動戶口」。

我不知道，陸軍、海軍眷村是否「查戶口」也是這樣？也查得很勤？印象中，我讀了大學，寒、暑假在家，到半夜仍會聽到大力敲門，被喊著「查戶口」的聲音給吵醒；但當時父親已經過世數年，我們家並沒有被敲門，要求「查戶口」。後來，歸納知道：我讀高二、高三時，「查戶口」的情況，大約是退役人員一般都不查，現役人員一定會被查。

我大學畢業後臺灣解嚴，「半夜查戶口」的現象不復見；但仔細回想，臺灣四十多年的安定與治安良好，的確也是在此犧牲自由及不民主的體制下，所換來的成果。如今，我們擁有了自由與民主；但社會治安變差，真不知該怎麼說。

近日，看《黑蝙蝠之鏈》一書，根據作者王俊秀博士在書中的統計：「國府飛行員『回歸』中共者，由一九四六年至一九八九年間計有四十一起（其中由台灣起飛者二十一起）。……二十一次中，由岡山起飛者占七次，黑蝙蝠中隊基地的新竹機場投誠三次，另外兩次的時間分別為一九五四年及一九六三年，機種則是B-25轟炸機及F-86F戰鬥機……」。我大概找到了幼時，頻頻被「半夜查戶口」騷擾的合理理由；只不過，當時空軍的「查戶口」，對於飛行和地勤的人員，情況好像都一樣，似乎都沒有差別的待遇。

王俊秀博士在該書中，也做了相對的比較：「在一九六〇至一九八九年間，一共有十三架中共飛機，十六名空軍飛行員架機來歸，被稱為『反共義士』，皆獲頒黃金。」可見海峽兩岸軍事嚴峻對峙的時代裡，這也都是雙方的一種「誘惑」方式吧！而空軍飛行員又是可以透過空中，輕易的飛往敵營投誠；怎能不加緊控管呢？

「二十一次中，由岡山起飛者占七次」……；印象中，當年父親仍留在官校的同事，會在夜裡來家中的時候，偷偷地與父親小聲談起；此時，父親一定要我們離開，不准聽。不過，我偷聽到了幾回；只是當年不懂，為什麼有人要跑到「水深火熱」的大陸去呢？難道也是去「解救大陸同胞」的一種方式嗎？

我想幸好，在我迷迷糊糊未醒之際，被問些奇怪的問題時沒有亂說話；否則，恐怕我和一些人，也都免不了要去高唱「綠島小夜曲」了！

光復新村

「光復新村」是岡山最特殊的眷村，因為它有兩項特別之處：（一）最迷你的眷村，因為全村僅十二戶；（二）在一片空軍眷村的天下裡，它是惟一的陸軍眷村。然而，對於我們來說，「光復新村」卻是陌生的可以；而且，比起隔著省道，就在它斜對面的「岡山憲兵隊」，還要生疏。這自然可知，它裡面究竟住著哪一些人，我也並不清楚。

岡山鎮嚴格來說，沒有陸軍的單位；屬於廣義陸軍單位的有：「岡山憲兵隊」，以及「國軍同袍儲蓄會」的聯勤財金單位。除此，就是鄰近的鄉，才有陸軍單位了！

▲童年印象中的「光復新村」／繆正西繪圖

兒時的我，起初還以為它是公教人員眷村或是警察眷村；大約到了高中時期，我才知道它是陸軍眷村。印象中，「光復新村」的兩個大門柱是洗石子，且中間鑲著刻有「光復新村」村名的大理石；門柱上方，各有一座石獅子。這麼氣派的大門，實有別於岡山所有空軍的眷村。

「光復新村」原為日據時期的銀行、憲兵分遣隊部、武館、馬房所在；光復後為國民政府接收。大約在民國五〇年代初期，這裡才改撥作為陸軍軍官眷屬的眷村。

在「光復新村」中，所見建築的風貌，自然也不同於自日人手中接收而來的日軍眷舍；村中也有日據時期遺留下的防空洞，長長的就像燒窯的窯洞一般。整個眷村各戶都有庭院，比起空軍地勤軍士官的眷村房舍與環境來說，真是天堂了！所以，我猜想「光復新村」，應該也屬於陸軍較高官階的軍官眷舍才是！

若以地點而論，「光復新村」以往算是在岡山的精華區上；它就在省道上，距離岡山郵局最近，離火車站也不算遠，且岡山新市場也在斜對面。一直到我讀大學時，「省公路局」仍有省道上行駛的「普通車」、「直達車」；「光復新村」的村口，就設有站牌。而岡山火車站東遷後，「光復新村」就是離火車站最近的眷村，走路都不用三分鐘。以上這些條件，也都是令我們羨慕得要死的事。

不過，就在眷村改建中，「光復新村」也走入了歷史；我訝異的是：拆了的「光復新村」，被圍籬圍起來，上面仍然一如所有的空軍眷村一樣，說明是屬於「空軍官校」的財產。這不禁令我懷疑——難道它自始至終都是空軍軍方所有的一塊地嗎？那又在如何的境遇下，提供出來充作陸軍的眷村呢？我相信這也是一段值得探究的歷史。

當然，這也讓我想到——「光復新村」拆了，眷戶也都搬到「勵志新城」了嗎？如果不是，那又是搬到臺灣哪個角落去了呢？

行文至此，又令人聯想到——唐代詩人崔護的〈去年清明遇女子詩〉：「去年今日此門中，人面桃花相映紅；人面不知何處去，桃花依舊笑春風。」滄海桑田、物換星移，時代的巨輪一直往前推，過往的景物與人情，終將湮沒於歷史洪流之中。然而，總也留下讓人懷念的不捨；眷村改建是幸或不幸？恐怕也難以三言兩語說清楚！

新的「勵志新城」取代了舊的「勵志村」，就佇立在原「岡山憲兵隊」後方；也就是在「光復新村」的斜對面。這號稱全臺灣最大的新眷村，就以四十九棟十二至十四層不等的高樓樣態，分甲、乙兩區聳立於岡山，呈現出全新的眷村風貌；但卻也再看不到那屬於過往華麗、簡陋並陳的「竹籬笆」的樣子，我也不知這該說好還是不好了！

▲ 三軍精神標語

二高

岡山最偏遠的眷村，除了有位於東邊岡山大莊與阿蓮鄉交界小崗山的「崗德村」外；尚有位於岡山西邊，鄰近彌陀區（早年稱為彌陀鄉）的「二高」。

「二高」之所以被稱為「二高」，皆源於日據時期的兩個說法：一為此乃日本海軍「第二高航航空隊」的隊部所在；另一為此乃機場周圍的第二高地。國小三年級時，父親所告訴我的由來，即屬於後者的說法；那時，教過大哥與我的李老師便住在「二高新村」。

通常過年的時候，父親會以機車載著我們，

▲ 空軍官校正門前巍峨大道

去向李老師拜年；父親也順便去探望原服務於官校的同事。這些叔叔伯伯，有些更是父親以往的同學，或是從杭州筧橋來臺的「好麻吉」；但是，這些叔叔伯伯們，幾乎都在大陸就已婚，他們的孩子，都大我們好多。有一年，大約也是我三年級時，大叔、二叔回來，跟著我們一起去「二高」拜年。那時，新五元的硬幣剛鑄造出廠（取代了五元紙幣），相當於目前的五十元硬幣大小，背面是 蔣公肖像（也是臺灣最早以 蔣公肖像鑄造的硬幣）；我們得到四個硬幣共二十元的紅包，高興了老半天。

去「二高」，一定要經過空軍官校；沿著圍牆可以看到停在偽裝防護罩下的飛機，以及機場周圍的高射砲陣地。過了官校，還在蜿蜒的田間小徑上，走上一段時間，才能到「二高」；對於我們來說，「二高」也是個遙遠的地方。

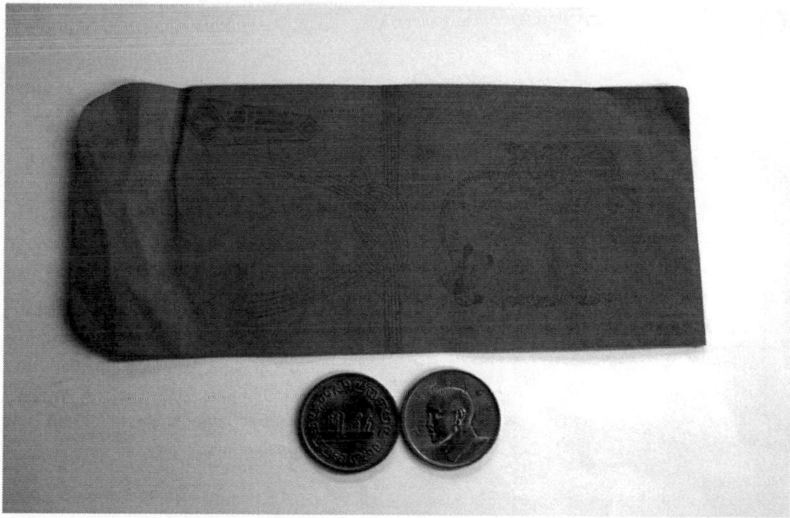

▲ 舊式紅包袋與大頭五元硬幣

「二高」原有：自立、新建、仁愛和二高等四村；並設有「空軍總部附設二高小學」。後來，因官校的擴建機場跑道及維修場，民國五十七年「自立村」遷至「勵志村」；所餘三村，合併為「二高新村」。「空軍總部附設二高小學」改隸高雄縣政府，更名為「高雄縣立筧橋國民學校」。

臺灣光復之初，國民政府接收了這原為日本海軍「第二高航航空隊」隊部所在的營房，以及其旁邊的「野戰婦產科醫院」。醫院內的產房、廁所、浴室、廚房等一應俱全；但為因應戰爭的防護需要，室內採光很差。民國三十九年，醫院成為安置空軍官校航炸教官的眷舍；這就成了「仁愛村」。至於，其餘三村，則由軍營、倉庫改作眷舍而成。

「二高」面積約有八公頃多，眷戶二〇六戶；在早年交通不便之下，由於距岡山市區遠，眷戶子女上初中、高中，皆賴「軍用大卡車」接送上、下學，蔚為奇觀。這也是今天我們難以想像的事情。

既然，「二高」之所以為「第二高地」，那必有「第一高地」；「第一高地」何在？我大膽猜測，可能就是指彌陀的螺底山吧！而螺底山，也屬以往的軍事要地；但說起螺底山，倒使我想起了另一段故事。

臺灣高座會編輯委員會編著的《難忘高座情——二次大戰日本海軍祕史之一台灣少年在日本造飛機之奮鬥史》一書中，提及：一九三三年三月五日，有一批中等學校卒業生二百人，進入岡山海軍六十一航空廠螺底山寄宿舍；四月二十一日，第一批少年工一千八百人，到岡山螺底山宿舍報到。這些臺灣少年是被徵召到日本長崎的海軍基地，參與建造軍機的；其中，一部分少年，幸運地在美軍的原子彈投下長崎前，返回臺灣，逃過了一劫。光復後，這些少年中的幸運存活者，有少許人加入了空軍。

由這個故事，連結了日本海軍「第二高航航空隊」的隊部、日野戰婦產科醫院等情況判斷，日軍當年的確想把這裡經營成一個重要的軍事基地；但夢想終究成空。

至於，一如「月世界」地形（只是規模較小）的彌陀螺底山，近年已由解除軍管的荒廢中，搖身一變為自然景觀公園。同樣，在物換星移的變遷下，光復後佇立五十餘年的「一高新村」，也隨著「高雄縣立覓橋國民學校」，悄悄地走入了歷史。面對歷史的無言，似乎不能再說些什麼了！

▲「中正號」戰機於跑道上

正氣村

「正氣村」雖是岡山最北邊的眷村；但因位於省道旁，比起「崗德村」、「二高村」來說，在交通便利方面高出許多。

然而，早期「正氣村」就在一大片農地上，幾乎是遺世獨立的天地；這是因為「正氣村」與「成功村」，都是空軍在岡山，唯一接收自日據時期「臺灣製糖株式會社」的種蔗工人宿舍，而改建成的眷村。不過，它卻也是岡山北面的文教區據點；除了「岡山國小灣裡分部」、「前峰國中」在其旁外，尚有：「私立正氣中學」在正對面、「私立立德商工」隔省道相鄰。

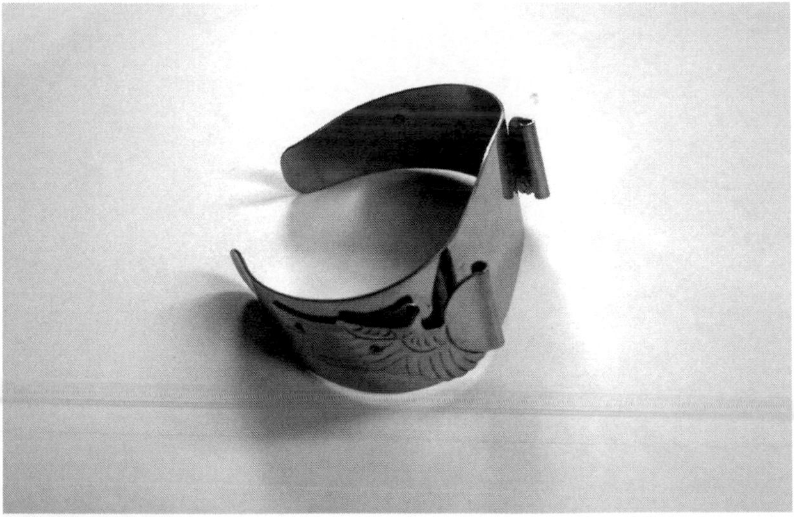

▲ 空軍紀念錶帶

兒時，陪媽媽回路竹的外公家，只要搭「省公路局」的客運車，一定會經過「正氣村」；而來回車程中，只要看到「正氣村」，就知道是到了岡山與路竹的交界上了！

在兒時的印象中，我曾與父親去過一次「正氣村」；當時，父親正隨孟昭勳、傅淑雲老師學拳，因此也順道去拜訪一位以往官校的同事。這位住「正氣村」的伯伯姓什麼，我已經想不起來；父親是去跟他商談做練「太極劍」的劍。

這位伯伯做的劍，採用不銹鋼材料，不同於一般木、鐵或銅的材質製造；他亦詳細的拆解並說明。我知道他完全以手工磨劍，並焊接劍柄配件；唯有握柄的木頭部分，請別人代工。在當時來說，可是相當了不起的工藝；但索價亦不低。

父親幫他推銷「太極劍」，後來還惹出一些困擾；有兩把劍他沒有收到錢，他找到父親幫忙要。最後，是由父親花錢買下兩把劍，解決了糾紛。父親過世多年後，這兩把劍在眷村改建前，家中遭竊時被偷了！我著實難過了一段時間。

說起「不鏽鋼工藝」，同屬兒時模糊的記憶，另有一位父親以往官校的同事，是製作「空軍錶帶」的伯伯（姓什麼，我同樣想不起來了），一樣作工精美；我也曾隨父親去拜訪過一次，但是「二高村」或「正氣村」我也記不清了！

「空軍錶帶」的型式，設計有空軍的飛翼標誌且防被扒，是在空軍服役者，退役送禮的首選之一；父親除了買來送人，也會幫朋友代購。那次拜訪，父親仍買了固定形式的產品；但那位伯伯，還送了父親他新設計款式的錶帶，迄今我仍然收藏著。後來，聽父親說這位伯伯賺了錢，開了工廠專門生產「空軍錶帶」；如今，我也不知是否仍然還在。

此外，「正氣村」的記憶，就屬「私立正氣中學」了！「私立正氣中學」民國五十二年創設，其目的乃求延續蔣經國先生，原在贛南所創之「正氣中學」薪火。在岡山，該校的初中部還不錯，高中部則風評不佳；但是，早期它可是與臺北的「華岡藝校」、臺中的「青年中學」，同列雄霸北、中、南培育影視人員的知名高級中等學校。

父親退役後從事水電工作；國小時，我曾陪父親去「私立正氣中學」工作過。後來，學校經營困難；校長與父親商量，讓大哥進了該校初中部，以抵父親的工作費用。該校初中部僅一班，都是岡山有權有錢人的子女，大哥成了「雞立鶴群」的「唯一寒戶」。

大哥畢業未久，學校為「佛光山」併購，遷往佛光山，更名為「私立普門中學」，成了佛教的學校；在正氣村的校址就此荒廢。眷村改建前不久，正氣村隔鄰的另一所私校——「私立立德商工」，也吹起「熄燈號」。「勵志新城」完工交屋時，我返回岡山；「岡山國小灣裡分部」已經廢校，「前峰國中」亦遷建於「中正堂」後農地（原校舍廢棄）。文教區已然完全不再！

隨著，「正氣村」的拆除，這一片曾經的熱鬧，彷彿走進了塵封的歷史；多年後不知還有多少人知曉，這些曾經？

致遠村

致遠村和曉風新村、協和村，同在空軍官校北邊，接近空軍機校的附近。這三座眷村與實踐村、健鷹村、部後村，同屬國民政府遷臺初，在空軍的軍校及單位附近，以竹籬笆搭建出的平房眷舍；原是安置一般士官兵眷屬之用的「克難眷村」。

而我在大學的假期中返鄉，曾經騎著自行車去過致遠村，做一趟巡禮；但致遠村並不「克難」。它像極了「新生村」，一度讓我懷疑——我是否走錯了地方。

說起「致遠村」，就不能不提起——它可是岡山眷村中，產出明星最多的村子；例如：集唱、演、主持綜藝節目於一身的美女托懿芳、創作與演唱「龍的傳人」的民歌手侯德建、演唱「那一盆火」成名的民歌手包美聖，年輕一代藝人中的「黑人」陳建州等，皆出身這個眷村。若說「岡山是明星之鄉」；那麼也就是說「致遠村就是明星的搖籃」，該是一點都不誇張的話。

國小班上有位女同學，也來自致遠村，功課很棒；後來，她和弟弟都進了臺大，她讀護理、弟弟讀牙醫。我想：致遠村不但出明星，也出人才。而包美聖也讀臺大、侯德建則讀政大；不也說明，他們不僅會唱歌，也很會讀書。

不過，侯德建卻是位悲劇性人物，從他創作的校園民歌——「龍的傳人」，就可感受到他的才華與家國之愛；但就在這首歌紅透華人世界時，他卻在兩岸隔絕的當時，跑到了對岸。一時之間，對岸唱起「龍的傳人」；而在臺灣就成了禁歌，誰也不敢再提侯德建。

侯德建回到四川，家鄉人歡迎他，送他一小袋米；他哭了！多年後，侯德建回到臺灣說，他沒想到家鄉居然那麼窮、那麼落後。侯德建後來投入「六四民運」；一時之間，天安門廣場「龍的傳人」歌聲響徹雲霄。當解放軍開進廣場，侯德建被捕；經由審訊之後，交由公安人員押上漁船，開到海峽中線，攔下一艘臺灣漁船，將侯德建丟到船上離開。

侯德建就這樣回到臺灣；比起「六四民運」其他人士，侯德建算得上幸運。只是侯德建自此失去了舞臺。我曾短暫在新聞上看見，他轉行排紫微斗數，為人算命；之後，再無侯德建的新聞。

然而，致遠村的悲劇人物，不僅侯德建而已！致遠村最大的悲劇人物，該是——尹清楓。出身致遠村的尹清楓，在「中正理工學院」畢業後，服役於海軍，後升至上校，並擔任海軍總部武獲室主任；但卻因查「拉法葉艦弊案」，而死於非命。

即將升少將的尹清楓，就這樣死了！相關涉案人郭力恆上校被收押、審訊，而今也假釋出獄；而尹案至今未破。若與「洪仲丘案」相比，同為軍中重大命案；尹案的未破，顯示了其牽涉的層級與機密，恐非一般平民百姓所能想像！

陳前總統曾宣示：「即使動搖國本也要查」，仍是石沉大海。尹妻李女士要求追贈尹清楓少將未果；也曾投入選舉，希冀討公道亦未成。

尹父含恨而亡，致遠村亦已拆多年；但尹案仍懸於人心。這是國軍的痛，也是榮眷永恆的痛！

致遠村啊！致遠村！是怎麼樣的命定，鑄成您的村民既優秀又悲情呢？這是我難以平息的納悶啊！

▲民國八十五年榮民子女參訪左營軍港東四碼頭（後為武夷艦艦首）

趙伯伯

「曉風新村」位於「致遠村」、和「協和村」旁；它是我從小認為最美、最有詩意的村名。不過對我而言，它也屬於遙遠的眷村；而「曉風新村」有一部分住戶，卻來自更遠的「崗德村」。這是約在民國六十年代，因崗德村的所在地要設「漢翔飛機公司」，就全村遷來「曉風新村」了！

小時候，印象最深的記憶，是父親騎機車載著我們兄弟，去「曉風新村」的趙伯伯家，看美國太空人登陸月球的轉播。趙伯伯是通校教官，也是父親的同鄉；當時，擁有電視機的家庭還很

▲原「空軍通校」大門，現為「空軍航空技術學院」大門

▲作者大叔的戎裝照

少，他們家的生活比我們優渥許多。

那個年代電視還是黑白的；阿姆斯壯登上的月球景觀，與我所想像的嫦娥和月宮，也當然是完全南轅北轍了！不消說，自是乘興而往、敗興而歸了！

此後印象中，似乎沒有再去過「曉風新村」；不過，趙伯伯卻常騎著他的輕型摩托車來我家。趙伯伯一雙眼睛眨呀眨、說話急時還會口吃，而他也是常當面毫不留情批判父親的人；所以，兒時對他是又敬又怕。

然而，對父親而言，趙伯伯卻是促使父親與大叔相聚的恩人。

大叔於民國三十七年（西元一九四八年）從軍出川，後因將領叛變，部隊成員在詫異中降共。由於原屬國軍，得不到信任；韓戰期間，即被要求「抗美援朝」，成為投入韓戰的「志願軍」；大叔的部隊同袍幾乎犧牲殆盡。大叔後遭美軍俘虜，再隨一萬四千多名受俘「志願軍」戰士力爭，於民國四十三年（西元一九五四年）一月二十三日抵臺，重新加入國軍。

大叔分發至空軍通校受訓，受教於趙伯伯；經趙伯伯向父親提起，才促成兄弟團聚。在大叔的描述下——趙伯伯是個率直的人，從不拐彎抹角；上課認真且嚴肅。

趙媽媽與母親同樣都是本省人，在鎮上的百貨行裡當售貨員，打扮時髦；她與趙伯伯有一雙兒女。趙家姐姐年齡大我們較多，趙家哥哥比大哥略大些；趙家哥哥小時候被開水燙傷，手臂與腿上都有植皮補肉過的傷疤，我印象十分深刻！

趙伯伯退役後，還到臺南的私立高工，教過「電儀表」等的專業科目；但是，趙伯伯家中的水電，都找父親去做。我曾經懷疑過——趙伯伯是個「理論派」，不是「實務派」；所以，恐怕也不教實習課。我也懷疑過——趙伯伯有口吃，怎麼能當教官？

父親過世時，趙伯伯來祭弔，弟弟點了香恭敬遞上；他接過香，撲通一聲跪下，嚎啕地哭喊到：「老繆，你怎麼就這樣丟下我一個人，走了……你叫我怎麼辦？」

我們兄弟當場傻眼，反倒成了喪家來安慰祭者了！不過，此時我才也明白，趙伯伯與父親的交情，不是我們這些晚輩所能理解的。事後回想：趙伯伯在臺灣，似乎從未聽過有什麼親人；因此，父親恐怕是他認為最親的鄉親了！而且當時，兩岸尚未開放，返鄉無望；趙伯伯的悲傷之語，我可以想像。

父親走後，趙伯伯還關心我們；我考上大學，趙媽媽送來她服務百貨行老闆公子，多年前就讀大學的大學服給我。那套大學服幾乎全新，為我省去了購買大學服的錢。

我大學畢業不久，聽聞搬到楠梓，買了透天樓房的趙伯伯，車禍傷了腿；特地與弟弟從臺北，趕回來探望他。這次的見面後，迄今我未再見過趙伯伯；教書、出國留學、返臺教書、再出國攻博士，我沒有時間再關心他老人家！

每當午夜夢迴時，偶憶起趙伯伯；我總想輕輕問句：「趙伯伯，您還好嗎？」

醒村

醒村、樂群村、勵志村等三村，是岡山空軍眷村中的「高級眷村」；因為，它們原就是接收日據時期的軍官眷屬宿舍。民國三十八年，這三村成為安置空軍高級軍職人員與飛行員眷屬的眷舍。

「醒村」原是日據時期，為安頓高級飛行員所建的五棟二層磚造斜頂宿舍，據說也曾是「神風特攻隊」的宿舍；岡山本地人稱為「五落仔」。其建築年代，大約是民國二十九年（西元一九四〇年；日本昭和十五年）左右。「醒村」四周有大型未加蓋的水溝（一如「護城河」），

▲ 拆除後，醒村殘留的「五落仔」樓宇

北面有兩座小水泥橋；村內也留有日據時期長窯型的防空洞多處；西面靠仁壽南路（白米路）處，尚有日據時期「臺灣製糖株式會社」的五分車鐵軌遺蹟。

光復後，空軍官校於國共內戰間遷來岡山，此處成為安置官校飛行員的眷屬宿舍。「醒村」的戶數不夠，原為一層一戶；後又在村旁，增建一座「筧橋村」，才成為一棟一戶。其後，「筧橋村」也併入「醒村」。

「醒村」的地理位置很好，南面是「新生村」；北面隔著介壽路就是「陽明公園」（「陽明公園」旁，即是原「空小」改隸的「兆湘國小」）；東邊是「康樂村」、「自強村」；東南邊與「康樂村」、「自強村」、「新生村」交接的角落，就是「欣欣菜市場」；西北邊是縱向的白米路和仁壽路交接處，正與北面橫向的介壽路與介壽西路，形成十字路口。在此十字路口上，原有一座「精神堡壘」，使路口成為一個小圓環；後來，「精神堡壘」移入「陽明公園」內。「精神堡壘」的頂端是一隻振翅待飛的老鷹雕像，堡壘四面刻有精神標語；在「醒村」的樓房內，可以看得十分清楚。

「醒村」村名，來自國民政府在大陸的「中央航校」時期，其眷屬宿舍即名為「醒村」；是以遷來岡山，仍名為「醒村」。「醒村」也是岡山早期眷村中，唯一的兩層樓房；村中有交誼廳，並附設有：福利社兼郵局代辦所、理髮部、洗衣部。交誼廳後方的獨棟獨院樓房（門牌是「一號」），曾是官校校長的官舍；而前空軍總司令林文禮，早年服務於岡山時，就住在「醒村」十三號。

「醒村」早期有衛兵駐守大門，一般人難以進入；晚上十一時三十分，就禁止出入。交誼廳內也辦舞會，外賓只見美軍顧問與眷屬而已（此外，僅「新生社」才有舞池；高凌風以往只能與其父去「新生社」，琢磨舞技）。「醒村」中，原也有一所「醒村幼稚園」；後來，竟也與「健鷹幼稚園」走上同樣的關門命運。我還記得幼稚園後方有座防空洞，小時候我們也去玩過。

我讀國小時，「醒村」駐守大門的衛兵已撤；我常幫母親去其福利社買紅糖（聽說也賣「覓橋冰棒」；但母親不許我們吃零食，我從來沒買過）。當時的交誼廳，已成為附近眷村住戶打羽球的場地；交誼廳外的籃球場也開放了！

「醒村」因是日式建築，一樓的地面與木製地板之間，留有約五十公分的空間，並設有氣窗；也是我讀國小時，傳言：有日軍撤離時，以報紙包裹的黃金藏於其間，而被發現。此事是真是假，並未得到證實；但當時，本地人謠傳得很厲害。

國小一年級時，我就是父親的小幫手；我曾隨父親到「醒村」，為一戶鄧姓飛行員工作。我記得很清楚，當時是他們自建水塔。工程是先挖了地下建蓄水池，在其上約二層樓高位置再蓋水塔；然後，引自來水流進蓄水池滿後，再又抽水進水塔儲存。父親以繩索綁我下新建的蓄水池，清掃乾淨，再拉我上來。

鄧家奶奶很喜歡我，邀我與她共餐；她並當著子孫面前稱讚我，我很不好意思。之後，至父親完成工作，她還常問起我。如今，我想這慈祥的老人家，應該已在天國享福了吧！

另一次，我約國小二年級時，再隨父親去「醒村」工作。此次，乃一戶人家重新裝修，我記得他們在二樓地板，打了一個大洞（據說是搬鋼琴，因樓梯太窄）；我當時看見薄薄地板間的細細鋼筋（若以今日而言，恐怕難以支撐；可見日本人早年的技術與施工品質，仍教人佩服）；施工完畢，焊接好鋼筋補上水泥，再鋪上磁磚，完全看不出來。

父親負責水電工程部分，直至完全完工住戶搬回，還有些瑣碎工作；當時，我見到他們家小小的客廳，四面牆上都掛滿了子女的學士照（約有近十個孩子），歎為觀止。父親那時即要我效法——未來戴上學士帽；只是當年我並不瞭解，其中的意義。

「醒村」的名人除了林文禮、杜文正、張晨光外，尚有李又玲。李又玲是以女性當選「醒村」所在的仁愛里里長，並獲連任的里長；這在岡山一片男性里長的環境下，說實話並不容易。

民國九十七年十月三日，「中華民國建築學會第二十屆第二次建築研究成果發表會」上，陳啟仁、劉莉錡、葉瓊菁、林冠汶等四人，曾提出〈眷村聚落歷史演繹之文資保存過程紀實探討——以高雄縣岡山鎮醒村為例〉論文；相當振奮人心。我天真以為「醒村」，必受文化單位重視，一定保存有望。

然而，「醒村」仍未逃被拆命運，我覺得十分可惜；因為，「醒村」可是日據時期留下，唯一的五棟二層磚造斜頂宿舍。「醒村」是活教材，也具有建築學上的參考價值；只是此時說這些，都為時已晚。「醒村」亦僅能夢中追憶了！

樂群村

「樂群村」與「勵志村」為緊連著的兩個眷村；「樂群村」在西，「勵志村」在東。「樂群村」在岡山，也屬於全村戶數不多的小型眷村，但卻占地很大；與「勵志村」相同，它也是每戶都有很大的庭院，且有「咾咕石」的圍牆。

在地理位置來說，「樂群村」比起「勵志村」更靠近阿公店溪，且鄰近柳橋；阿公店溪的對岸，就是「新生社」、「中正堂」緊連在一起。

「樂群村」在日據時期，原是「日本

▲ 樂群村——空眷的將軍村

海軍第二十一航空戰隊」之「第三四一航空隊」高階軍官宿舍（一說編號為：A1至A16宿舍；另一說為編號：B1至B16宿舍）；其約建於民國三十年（西元一九四一年；日本昭和十六年）左右。國民政府遷臺後，它成為空軍訓練司令部司令、副司令，以及三校（官校、通校、機校）校長、空軍要員與空戰英雄的住所。

由於，「樂群村」內將官雲集，所以也有「將軍村」之稱。然而，「樂群村」亦是空軍岡山眷村中，唯一的職務官舍；換言之——居住者職務變動就必須搬離，這即是它與一般眷村不同的地方。

根據臺東農工專校建築科副教授顧超光的研究：在「樂群村」中，其門牌即代表著居住特定身分的高官；例如：特一號

▲ 樂群村登錄為法定古蹟保留公告

是地區司令（岡山最高指揮官）的官舍、一號是官校校長的官舍、二號是校長級軍官的官舍、三號是副司令的官舍、四之一號是通校校長的官舍、四之二號是空軍訓練部司令的官舍、二十二號是機校校長的官舍。

小時候經過「樂群村」，其四周尚有拒馬與外相隔，總教我有「庭院深深」的感覺；其路樹茂密參天，整個村子很寧靜，一路只聽見悅耳的蟲鳴鳥叫。我印象深刻的是「樂群村」中，原先也有一所幼稚園；至於，是哪些小朋友，才能讀這所幼稚園？我當然也不知道！

兒時的玩伴與同學中，我們的階層自然不會有「樂群村」的朋友；父母親往來的友朋中，也不可能會有屬於「樂群村」的交集。

對於「樂群村」，其實我知道的很有限——例如：其房舍有獨棟與雙拼之別，並非統一形式；村中的四號官舍原為「招待所」，後變更為另一副司令的官舍；而四之二號的「空軍訓練部司令」官舍，其庭院中，原有一日據時期留下的消防用池，後來被填平了！

「醒村」、「樂群村」、「勵志村」同屬空軍岡山地區的「貴族部落」。而能住進「樂群村」者，更可說是「貴不可言」；離開「樂群村」飛黃騰達貴及王公者，亦大有人在。若說它是空軍官場中的「烏衣巷」，亦不為過！

然而，在「樂群村」滿天星斗中最亮麗的一顆星，該屬曾經當過空軍官校校長、空軍總司令、參謀總長、國防部長，最後成為民進黨執政時期——首任行政院長的唐飛了！

我雖未與唐先生見面交談過；不過，透過電視與報刊報導，我總覺得他有很濃的「儒將」色彩，與郝柏村先生絕不相似。只是唐先生也為中華民國憲政史上，任期最短的行政院長；這亦是令人唏噓之事啊！

而在眷村改建中，「樂群村」幸為當時的「高雄縣政府」搶救下來，成為唯一被保存的岡山眷村史蹟。在高雄縣併入高雄市後，「樂群村」轉為高雄市頒定的文化史蹟保留地。民國一〇二年春節，我陪母親回岡山，經過「樂群村」，發現還住有一戶人家；雖聽見人聲、聞到燒菜的香味，我仍不敢敲門冒昧請教。是年幼時印象「高不可攀」的不可近？或怕見「美人遲暮」？我亦不知了！

民國一〇二年九月三十日，《中國時報》報導：高雄市政府找出歷史文件，提出「正名」——鳳山誠正新村（黃埔新村），為孫立人將軍於民國三十七年設立，方為國軍在臺灣的第一個眷村。這項歷史性的證據，推翻了民國三十八年初，設立於臺北市信義區的聯勤「四四南村」（經保留為「信義公民會館」），為國軍在臺第一個眷村的先前說法。高雄市政府也開始積極規劃，落實保留鳳山「誠正新村（黃埔新村）」的計畫。

如果說，高雄市政府也可以好好思索：將鳳山「誠正新村（黃埔新村）」、岡山「樂群村」，建構成「眷村史蹟園區」；使其有別於「新竹市眷村博物館」、「臺北市信義公民會館」，相信必具開創性的建設。這是我的一絲小小期盼，希望「野人獻曝」，而不致貽笑大方！

勵志村

「勵志村」原為日據時期的「街尾崙」，屬於岡山市街的街尾地區；後為安置海軍高級軍職人員及航空隊高級飛行員的眷屬，因而徵收建造為眷屬宿舍。光復後，國民政府接收，轉為安置空軍高級軍職人員與飛行員眷屬的眷舍。

「勵志村」東北邊是憲兵隊；東面是省道；西面緊連著「樂群村」；南面是阿公店溪；北面隔著柳橋東路，就是「岡山國小」（早年，金溥聰的父親任教於空軍官校；金浦聰即是由這所國小畢業的）、岡山新市場（岡山最大市場）。在地理位置上，「勵志村」得天獨厚，可說是最靠近岡山鬧區的眷村了！

民國五十七年，因空軍官校的擴建機場跑道及維修的關係，將原在「二高」的「自立村」遷至「勵志村」；至於，未遷的新建、仁愛和二高等三村，則合併為「二高新村」。因此，「勵志村」有一部分住戶，是來自原「自立村」的居民。

我讀國小時，三年級的李老師教完我們，調到彌陀國小；離她位於「二高」的家近了；四年級接我們班的崔老師，從他校調來。崔老師住「勵志村」；有同學去過她家，回校說：「老師家房子大，院子也大」。未久，即隨父親去拜訪住「勵志村」的孟昭勳、傅淑雲老師（因為父親、大哥與弟弟，都跟孟老師和傅老師學拳）；我也覺得他們家好大，還有前、後院。

當時，孟老師和傅老師正從香港拍完「潮州怒漢」一片返臺；他們很高興地拿著照片給我們看，並一一為我們解說。電影尚未上映，我們就先聽故事。

聽完故事，我問了一個很笨的問題：「孟老師——您為什麼要演壞人，為什麼不演好人？」孟老師哈哈大笑地說：「戲總得要有人演壞人，只要日常生活中千萬不要做壞人就好了！」那次，我們還帶回了父親託他們從香港代買的「狼毫小楷」毛筆十支；孟老師和傅老師說，因為筆

▲ 現仍保留的舊勵志新村大門

管上面印有大陸某地製造字樣，害得他們在旅館裡熬夜刮去，以免入不了關。十支毛筆一直用到我高一時，才消耗殆盡；這也是我平生首次使用「匪貨」。

第二次進「勵志村」，是父親過世前的一段時間。那次，父親去某戶人家裝修水電，我隨同幫忙。當天是假日，我未見男主人；但女主人與一雙兒女皆在。女主人是原住民（畢業於臺東女中，當時是我見過個子最高的原住民女性），她很喜歡唱歌；一雙兒女約與我同齡，也長得高。父親與我就在她原住民歌謠聲中，工作了一天。

我不得不佩服她天生的好嗓音，而她也都以原住民語來和兒女交談；這在當時來說，還真不容易。這與我們家是「出門講國語，入門講閩南語」，有些相近（在岡山的空軍眷村裡，都講四川話；我所住的「院內村」大多講國語，即使是

▲勵志新城今貌

原住民的媽媽也不教自己孩子講母語的）。「勵志村」的這戶人家，讓我印象深刻。

第三次進「勵志村」，我已讀大學了！那次，是為了系上的「系友通訊」，採訪第一屆的李學長而去；李學長大我約十五歲，已經擔任教職多年，仍與父母同住。李學長很喜歡「勵志村」的環境；但他也鼓勵我趁年輕到大城市闖，不要如他窩居南部鄉下教書，消磨志氣。

離開李學長家時，聞到庭院中，淡淡的桂花香味；返頭一看，一株桂花樹已經開滿了花。

第四次到「勵志村」，已經是「勵志村」拆後，改建為「勵志新城」了！「勵志村」因相對來說，面積大、戶數少、地點佳等有利條件，成為岡山眷改首選之地；但也引起居民抗爭，而最終平息。

那次，我們兄弟南下搬家；搬不走的好多東西，只好都丟了！坐落「勵志新城」的新居位於十三樓，視野很好；它又讓我看到了——從小開門可見的大、小崗山。

「勵志新城」分甲、乙兩區，計有四十九棟十二至十四層不等的高樓，聳立於原來的「勵志村」；以號稱「最大的新眷村」，傲視全臺。隨「勵志村」改建，而誕生於社區後的「河堤公園」，每年過年都辦「岡山燈會」；其範圍——沿著阿公店溪的「阿公店橋」、「筧橋」直到「柳橋」，既熱鬧又壯觀（可比「清明上河圖」）。

然而，我還是覺得，「醒村」和「勵志村」的消失，是建築文化與眷村史上的一大損失；一如我一直覺得，在眷村改建的過程中，我們是該多一些思索的！我從不認為日據時期，殖民侵略者的建築，都該被摧毀；正如我從不認同——日本人對臺灣沒有貢獻。不過，我們真應正視且不該忘記的是——殖民者的出發點為何？勿讓歷史悲劇再度重演，方為至道。

雖說住進「勵志村」，是我們兄弟從小想也不敢想的事，如今卻成了真；但屬於兒時記憶的「勵志村」不會再現，也已經成為不爭的現實了！說什麼好？說什麼好呢？

▲「勵志新城」中庭一景

欣欣市場

「欣欣市場」（岡山第二大市場）北面隔著介壽路，即為「兆湘國小」；而它的周邊就環繞著「醒村」、「康樂村」、「自強村」與「新生村」。

「欣欣市場」在岡山本地人的口中，稱作「五落仔菜市」；這也因原先這一帶，就屬「醒村」（岡山本地人稱「五落仔」）目標最明顯。它是附近眷村與本地劉厝、白米、後協等里居民，買菜與購物的市集；因此，此間攤販亦是本省與外省參差。

民國五十八年，大叔和二叔分別自空軍、

▲ 欣欣市場現殘留大門

陸軍退役，父親於「欣欣市場」租了店面，開設水電行，交由大叔和二叔照顧。當時，父親尚未退役，無法全心投入；未久，大叔考取電信局的報務士、二叔北上嘉義學做川菜，父親遂結束了水電行的生意。

不過，水電行開設期間，我也有過短暫的回憶；當時，隔壁人家姓彭，開的是早餐店，一早排桌椅都直直排到我們店前來，偶爾二叔會買他們的紅豆沙餅給我們吃。然而，我總覺得比不上七姨丈的燒餅好吃。

說起七姨丈，他是山東人，陸軍退役後來到這裡開店，賣燒餅油條和豆漿。父親結束水電行後，七姨先來此應徵工作，後來嫁給了七姨丈。我讀國小的寒、暑假，隨母親去市場，七姨與七姨丈也偶爾送個燒餅給我吃。

「欣欣市場」中，有一本地人賣醬菜的攤位，父親常買他的醃漬大頭菜；有次市場未開張，父親還帶著我去他家買。老闆的技術，聽說是服役時，跟四川籍的老士官學的；回家後，父親才說他做得不道地。不過，當時父親已屬胃疾嚴重，「哈哈」做的又太辣；想吃家鄉菜，退而求其次，自也是父親不得已的選擇。

其次，市場中還有一攤賣麵粉製品的商家，他們常常要我們拿公發的麵粉，去換麵條；但母親老感覺划不來，偶爾才要我提著麵粉去換。平時只要有空，父母親是會自己發麵，做做包子與饅頭來吃。

記憶中，「欣欣市場」裡，還有兩攤老闆是回教徒，也都是自空軍退役來開業的；一攤賣牛肉、一攤賣雞蛋。牛肉貴，我們很少買；但常去光顧雞蛋攤。母親與我，當時都有一項本事——挑雞蛋秤重，大約八九不離十；老闆常常驚訝於我們的「手感」。如今，我已經久不親自買雞蛋了，「手感」恐怕不行了！而眷村改建前，牛肉攤就頂了人，雞蛋攤的老闆也移民國外；如今，「欣欣市場」可否還有回教徒的商家，我已經不知道了！

另外，民國六〇年代，臺灣經濟起飛，加工出口區應運而生；而「欣欣市場」常有攤販，賣著加工出口區外銷被打回票的成衣。那時，我們都可買到廉價，但總有一點缺憾的衣服；這樣的衣服，也陪著我們走過了「慘綠少年」時光。

我讀大學之後，本里的里長（空軍通訊官退役，於「欣欣市場」開業）遇見母親上市場，就說要介紹他讀北部私大的女兒給我；說了好幾次後，有回暑假我就被母親拖去，與其女見了一面。接下來，他就也成了「無緣的岳父」。

隨著眷村改建，眷戶遷往「勵志新城」，都就近在「岡山新市場」買菜；一時之間，「欣欣市場」自然蕭條不少。而原先夾擠在眷村的「欣欣市場」，也如同成了荒漠中的市集，看來既顯得孤單又空曠許多。還好，劉厝、白米、後協等里居民，仍多在此購物；它仍不致於消失！

只是「欣欣市場」，對許多眷村人而言，也成了雖存在但卻又是記憶的一部分了啊！

新生村

「新生村」也是接收日據時期，日軍的軍官宿舍而來；因此，它在格局與設計上，近似於「樂群村」和「勵志村」（都屬磚石與木材構築的房舍，並也都有不算小的庭院）。它的位置在「醒村」的南面，分甲、乙村。其中，「新生乙村」原名「復興村」；更名為「新生乙村」，是後來的事。

「新生村」的西面，靠仁壽南路（白米路）處，也有延續「醒村」外側——日據時期「臺灣製糖株式會社」的五分車鐵軌遺蹟；而其西南側，就是一大片「臺糖」的甘蔗田。而「新生

▲古色古香的新生社

村」的東北側，即是「欣欣市場」；七姨丈的燒餅油條店，也就在這個角落上。

「新生村」也是空軍岡山眷村中，最靠西南的村子；而它的南面，就是早年稱作「白米莊」的白米里。沿著仁壽南路（白米路）往南，便到梓官鄉了！

「新生」的村名，一如「大鵬」是臺灣的空軍中，才見使用；因此，岡山除了有「新生村」的眷村使用此名外，就屬「空軍官兵俱樂部」的「新生社」了！只不過，「新生社」位在「部後村」的北面、「中正堂」的東面，並不跟「新生村」緊連。

說起「新生社」，也是接收自日軍的建築；它有餐廳與住宿部，以往是空軍在岡山最大的餐廳與招待所。而早年的「新生社」，也是除了「醒村」外，可以跳舞的地方；如今，「新生社」獨留餐廳，住宿部，也已經外租，改為高級餐廳。

話說回頭，「新生村」除了住有「哈哈」的創辦人陳伯伯之外，還有國小一、二年級教過我的許老師。許老師是北平人；若說我國語還算標準的話，應該要感謝她。讀國小時，父親也帶我到她家去拜年。

我讀大學時，有次國慶日返家，在路上遇見帶學生遊行慶祝的許老師；但隔著馬路，她根本沒有注意到我喊她、向她打招呼。那次，看到她覺得——她老了；我想，熱愛教學的許老師，應該是教到六十五歲才退休的吧！

其次，「高雄四川同鄉會」的岡山分區聯絡人徐伯伯，也住「新生村」。徐伯伯是空軍備役上校，出錢也出力地投入於同鄉會的事務；讀大學時，每個學期我們兄弟都要去麻煩他，為我們申請同鄉會獎學金而簽章。為感念「同鄉會」，我也常參加新年的新春團拜，並當義工協助幫忙。

另外，與高凌風等人合著《岡山樹色新》一書的朱衣，也住「新生村」。她雖未在書中，提及她所住的眷村村名。然而，透過字裡行間的蛛絲馬跡，以及該書由其弟朱錦雄攝影的照片；我拼湊出她原住「新生乙村五十六號」。只是出身「新生村」的她，歷經縣立岡中、省岡中的學習階段後，北上讀大學、留臺北工作；然後，嫁美籍夫婿Matt，再定居紐西蘭。現在，岡山已經難尋她了！

其實，我與朱衣相去不遠；我們都已經是遠遊的遊子，只能藉由文字去緬懷這片土地。因為，負笈臺北工作與進修，並隨著眷村改建後，我漸漸失去了同鄉會的訊息；不知道同鄉會，如今是否仍運作正常？徐伯伯還健在嗎？同樣，也想問：許老師還健康嗎？

▲ 陽明公園內「飛鷹」精神堡壘

康樂村、自強村

「康樂村」、和「自強村」也是兩個相連的村子；「康樂村」在北、「自強村」在南。而「康樂村」的西面是「醒村」，「自強村」的西面是「新生村」。在岡山，「自強村」與「成功村」、「新生村」一樣，是少數分出甲、乙村的眷村。

其中，「自強村」比較特殊一些，因為它原是日據時期的日軍士官宿舍；在空軍接收岡山的日軍官舍中，這也是唯一日據時期的士官層級宿舍。

湯伯伯住在「康樂村」；但是位於「欣欣市場」外圍，靠近與「自強村」交界的地方。由於是邊間，庭院大；湯伯伯的庭院中，有魚池養鱉。每當賣鱉時，湯伯伯都找父親去幫忙；因鱉性兇猛，只有父親敢抓。

湯伯伯是飛行員，但早早退役轉進「華航」；後來，湯伯伯在臺北南京東路買了房子，全家遷臺北。「康樂村」的房舍，交由陽伯伯幫忙照顧。陽伯伯未婚，脾氣很好；記得我讀幼稚園時，有次馬戲團來岡山表演，他還帶著我和弟弟去看表演。

國小四年級暑假，父親帶我們上臺北，曾去拜訪過湯伯伯；他位在南京東路的新居須搭電梯，房子更大，光是客廳就讓我們兄弟歎為觀止。

其次，住在「康樂村」的周伯伯，我也印象深刻；他是空軍上校退休，轉任「中正堂」經理。周伯伯家中、「中正堂」的水電工作，都找父親去做；我也常去幫忙。周伯伯的房舍，就比不上湯伯伯的大。

周伯伯個子不高，總騎輛自行車，戴著他註冊商標的紳士帽，往返於住家與「中正堂」之間。周伯伯偶爾手上有「中正堂」的招待券，也會送幾張給我們；我們因而也可奢侈享受看電影的樂趣。有時，周伯伯也會讓我們上「中正堂」二樓的貴賓區（通常是空訓部司令、校長級的高官與眷屬的座席）欣賞電影，充當貴賓；給了我

▲ 中正堂現貌

們難忘的經驗。

而「自強村」住有父親的同學田伯伯。田伯伯因為後來讀了「老爺班」（當時，空軍中戲稱開給士官進修轉任軍官的「專科班」，為「老爺班」或「老頭班」），升上軍官；田媽媽則是弟弟國小一、二年級的老師（弟弟曾隨父親去過他家）。

我雖未去過田伯伯家；但我曾隨父親去過「自強村」的一戶人家工作。我記得那個假日——因一早去正遇上主人家的公子（軍校生），一放假回來（大約讀通校或機校；因為那套卡其軍服，並非官校的式樣），換下軍服交給女主人洗，就出門去了；直至下午，他回來熨燙軍服後，再仔細地別上臂章、領章、兵籍牌，換上軍服回學校。

我看著他的動作，從頭到尾不發一語；直至離開家門，才與女主人道再見。我很訝異這樣的親情互動，是以印象深刻！在眷村中，常有克紹箕裘的現象；但子女是否真也願意從軍呢？這是一個不太好回答的問題。

話又說回來，我十一、二歲時，有次理髮，聽到理髮師與另一名顧客交談：「某某人退役了！因為他說在官校裡，看到兒子都還得敬禮，難受啊！」理髮師問：「回家還不是他大嗎？在官校不計較就好了！」顧客說；「但吃癟啊！就受不了啊！」

這種情境，也是眷村中的特殊境遇；外人很難體會啊！

實踐新村

實踐新村與致遠、健鷹、部後、曉風、協和等眷村，同屬國民政府遷臺初期，在岡山的空軍軍校及單位附近，以竹籬笆搭建出的平房眷舍。這些原是安置一般士官兵眷屬克難形式的眷村，也就是「實踐新村」原名為「克難村」的由來。

「實踐新村」西面的大道，區分出它與「康樂村」、「自強村」的村界；東面緊連著「貿易十村」和「大鵬六村」。

在網路上，有人懷念「實踐新村」村口的「周家雜貨店」；其店主周伯伯與父親是從杭州筧橋官校，一路來到岡山的「好弟兄」。由於，父親的周姓同事與朋友太多；所以，我們都稱他「克難村的周伯伯」。

▲ 周伯伯與周伯母

小時候，我們總要經過他家店口的路，才能到住劉厝里的二姨媽家；但只要被熱情的周伯伯看到，免不了要被送些糖果。由於，父母親不准我們吃零食與接受餽贈；因此，我們往往要繞道到二姨媽家，來避開周伯伯。

我們設法不經過周伯伯家，周伯伯卻常來我們家；雖然，父親已經不在官校服務，周家水電工作仍找父親！周伯伯沒有架子，也不威嚴；我見到他，就不像見到曉風新村的趙伯伯一樣，有又敬又怕的感受。

父母親初結婚時，標下醫院的福利社經營；後來，因欠帳者太多，不敷成本而收攤。結束營業後，父親將原申領到的「菸酒牌」，無償送給了周伯伯；使「周家雜貨店」，有賣菸酒的資格。憑著這張牌，周伯伯也拿下了早年岡山最大的餐廳——「莒光樓」的菸酒生意。

父親過世那天的清晨，周伯伯來借十字鍬，我去應門後，回稟父親；父親正在換衣服，要我直接拿給周伯伯。之後，父親出門即出意外；事後，周伯伯很難過，說要是他拉著父親聊上兩句，應該就能脫劫了！

辦完父親喪事，周媽媽送來三件紅色毛線背心；說原是父親託她幫忙打的一件毛衣，父親過世她就拆了未完成的毛衣，改打三件背心給我們。屬於我的那件我仍珍藏，捨不得穿。

父親走後，我們的生活變得更清苦；周伯伯常常送來「莒光樓」片鴨肉，所餘烤鴨的「鴨架子」，供我們做湯。我想，這也是父親當年送出「菸酒牌」，老天爺冥冥之中，就埋下的伏筆吧！

周伯伯喜歡運動，籃球、桌球、羽球都來；以往常見他在「醒村」打球，還得過「長青組」的名次，也接受過多家電視訪問。遷到「勵志新城」，起初我過年返家時，還遇得到他在打桌球；後來，聽說他年紀大，不能劇烈運動，才看不到他運動的身影了！

另外，我有位國中三年要好的陳同學，也住「實踐新村」；就在「周家雜貨店」，不到十步路的距離。陳同學是同班同學，考取「中正預校」且升入「空軍官校」中，兩位成為飛官者之一；選讀預校的同學，前幾年聽說都退役了，只有已升了上校的陳同學未退役。陳同學大概是我們國中同學裡，最有希望升上將軍的優秀同學。

不過，與陳同學失去聯繫久矣！他讀預校時，我們還通信；讀官校放假時，還見面。他成為飛官後，我們未再見過面；眷村拆建後，也不知他父母住到「勵志新城」的何棟何層了！當每日為生活奔波、為五斗米而折腰，往日好友失去聯繫的，愈來愈多；直至驚覺，而驀然回首——「閑來忽憶君」的此刻，方知青春已經逝去了啊！

貿易十村、大鵬六村、大鵬九村

貿易十村、大鵬六村、大鵬九村，乃是民國四十年代，由婦聯會募款，成立基金所興建。這三座眷村，西面緊連著「實踐新村」；東面隔著省道，與「成功村」遙遙相望。

而從「實踐新村」起至「大鵬九村」止；事實上，是錯落、參差地擠在一起的四座眷村，每一戶也都是又小、又擁擠的感覺。這與「醒村」、「新生村」、「自強村」、「康樂村」的整齊排列、格局方正、大門大戶；可說是完全不同的現象。

而大鵬六村、大鵬九村的後方，有一座眷村內的小菜市場；前方，則也有一所幼稚園。而「大鵬九村」斜後方，還有一座公寓大樓的「慈恩二十五村」，則屬於民國七〇年代所建的新型眷村。

居住於貿易十村、大鵬六村、大鵬九村的這三座眷村中，我最有印象的該屬文伯伯。文伯伯是醫院行政室的事務官；他寫得一手好字，也燒得一手好菜。我還記得，年幼時父親宴客，請文伯伯來掌廚，做出一桌豐盛的菜。文媽媽也跟母親一樣，是本省籍的眷村太太；但文媽媽屬於腿部肢障的身心障礙者。文伯伯以軍官身分，可接受文媽媽共組家庭，並相敬如賓；也可說是相當偉大的。

文伯伯雖頭髮稀疏，但人卻溫文儒雅；我印象中，從未見他疾言令色。文伯伯的長子比大哥略長，其中一子為弟弟的國小同學。文伯伯與父親相友善，常來我家；而文伯伯家中的小電問題，也找父親解決。

其次，則是陳伯伯和陳媽媽。認識他們，是因為當時母親住院，是與陳媽媽同一病房。陳媽媽被診斷出肝癌末期，陳伯伯也被醫官告知——恐怕沒有多少時日，要隨時有心理準備。

有一晚，我們要去探視母親，尚離病房還有一段距離，就見到火光；剛靠近，也就有醫官衝出來斥責：「人都還在急救，也還沒宣布死亡，你燒什麼紙！」我們方知是陳伯伯在燒「腳尾錢」。

陳媽媽脫離險境之後，不知哪一位好事者，告知此事；惹得陳媽媽大怒，陳伯伯吃了排頭。

▲ 大鵬六村最後留影（馮聲福攝）

看見陳伯伯委屈地辯解道：「我是怕你走上路，沒有錢花用；並不是希望你趕快走啊！」看了也真是教人心酸。

再來，就屬我國中同班三年的好友——馮同學、夏同學，以及同屆不同班的張同學了！關於馮同學，從「中正預校」到「空軍官校」，畢業服役至進修碩士；迄今我們都還有聯繫。馮同學的岳母，即是原先住這眷村，並任幼稚園的園長（後來，幼稚園結束；轉往桃園開幼稚園）。馮同學與夫人相識於桃園，方知原是「同鄉人」，而後感情升溫，步上紅毯。

有一年，我獨自過年回家祭祖，馮伯伯和馮媽媽，強留我在他們家吃年夜飯；那是自父親過世後，我好久所沒有吃到的年味川菜了！不過，馮伯伯和馮媽媽，而今都已相繼過世；這也是令人難過的事！

▲ 大鵬六村馮家的內部陳設

夏同學家與馮同學家對門。夏媽媽是美女，夏同學也是帥哥；拜訪馮同學時，僅偶爾見到夏同學。後來，因我與馮同學工作都在北部少回岡山，與夏同學也失去了聯繫，沒了消息。

張同學家離馮同學家僅幾戶距離。張同學與我，都是求學過程中「由工轉文」，並立志從事教職的「同命者」；而我們也還都拿同鄉會的獎學金、獲得徵文獎，也一同當志工。不過，他後來選擇回南部教書，由國中教到「南一中」；而我卻流落北部，輾轉於私校、公校之間；並汲汲於進修。

另外，就是我國小的同學──姚同學與管同學。他們兩位是後來搬遷到這裡來的；先是姚同學的轉學，再是管同學的轉學。兩位搬到這裡後，我們就失去聯繫了！

我到接受役男體檢時，才見到多年不見的管同學，他第一句話，就是：「我生平第一次吃苦瓜，就是去你家吃的；真的苦啊！我到現在還印象深刻。」這令我想起，國小他轉學前到我家來；那天家裡煮了苦瓜湯，父親留他吃飯的事。從他那裡我也知道，姚同學已是大美女，且進了舞蹈科系；不過，迄今我仍未再見到姚同學。

如今，這些人大部分都必須透過「尋人啟事」才能找到；也許，父執輩者也已經有些在「天堂」了！日日渾渾噩噩地過，到底在追求什麼？有時我也納悶。然而，時光總不停留，只是一直往前進，多少人事都成夢憶；但回味時，一如手中握著的保溫杯，總留一點餘溫……

成功村

「成功村」位在岡山的東南邊界上，南接原「橋頭鄉」、東接原「燕巢鄉」；另外，它也被縱貫鐵路隔在東面，遠離岡山的精華區。後來，高速公路沿著鐵道修築，「成功村」反而成了最鄰近「高速公路岡山交流道」的眷村。

「成功村」與「正氣村」相同，都是空軍在岡山，唯一接收自日據時期「台灣製糖株式會社」的種蔗工人宿舍，而改成的眷村；一如「正氣村」，「成功村」也在一大片農地上。不過，比起「正氣村」來說，「成功村」的面積大得多；它也是岡山眷村中，與新生村、自強村一樣，屬於少數分出甲、乙村的大型眷村。

「成功村」與西面「大鵬九村」一直連接到「醒村」的大片眷村，就隔著省道、鐵道與高速公路三條平行的交通線，遙遙相望；也幾乎是被劃成了另一個世界。

說到「成功村」，第一個令人聯想到的就是「盈淚歌后」姚蘇蓉；她與因主演連續劇——「星星知我心」致紅透半邊天的吳靜嫻（出身「康樂村」），屬岡山眷村第一代同時出道的歌星。姚蘇蓉婚姻不幸福、吳靜嫻未婚，似乎都是遺憾！

父親對姚蘇蓉似乎知之甚詳，以往他與父執長輩常談起；但我年幼時不懂，並未多問。

在我的接觸中，繆伯伯、鍾表叔公是住「成功村」者。他們兩位，都是父親原在重慶「航空委員會第四飛機修理工廠學訓班第八期」的同期同學；而畢業後，繆伯伯更是與父親，一路由「筧橋官校」、「岡山官校」到「岡山空軍醫院」服務的好伙伴。

繆伯伯是浙江人，講得一口江浙國語；我小時候，並非每句話都完全懂。繆伯伯結婚得早，因此繆家的哥哥姐姐年紀都比我們大；小時候我們兄弟，也都接收過繆家哥哥的衣服與鞋子。

繆家大姐在「岡山空軍醫院」當雇員，一直未婚；繆家大哥「大同工學院」畢業，為「大同公司」網羅；繆家二姐，大學畢業後，執教國

▲ 空軍軍史館

中；繆家三姐，服務於原「彌陀鄉公所」；繆家小哥，就讀於「成大」。這也是眷村改建前，我大略所知道的情形。

父親過世時，繆伯伯幫了很多忙。後來父親的骨灰，安厝於大遼一所寺廟的塔中；每至過年前往祭拜，回程我都特地繞進「成功村」，向繆伯伯和繆媽媽拜年。

我們兄弟讀大專時，領同鄉會獎學金，多煩勞繆伯伯到鳳山幫忙領取。每回繆伯伯幫忙跑路，母親除了路費，總會讓他帶點禮物給繆媽媽；其中有兩次，他最高興：一次是燕巢表舅家種的「牛奶蕃石榴」、一次是一大盒「無鉛皮蛋」。

我讀大三時，有次媽媽因病住院，正巧繆家二姐也住院；所以探望母親時，遵母囑買了禮物，也去探望她。

▲作者父親（左）與成功村繆伯伯

眷村改建的前幾年，我大學的同學，有一天來電話告知：她在雲林一所國中代課，有一位同事也姓繆，並住在「岡山成功村」；我方知她與繆家二姐同校。未久，同學又來電話，表示：繆家二姐因父喪請假，辦公室貼出訃文。母親立即囑咐：致電關心並修書寄送奠儀。由於，繆伯伯的告別式非在假日，所以我們無法親臨祭奠，也屬遺憾！

鍾表叔公則於畢業時，留在重慶；而後，再隨軍遷來「岡山官校」。鍾表叔公亦早婚，孩子也都比我們大；只有么兒與弟弟同齡，且國中曾同班。在親屬關係上，鍾表叔公是六姨丈公的堂弟；而六姨婆則是祖父為父親在家鄉訂親的媒人，所以父親對鍾表叔公很是恭敬。

不過，父親終其一生從未見過家鄉的未婚妻；僅僅留下數封的情書而已！在大時代的命運捉弄裡，終究是難成圓的平行線；同樣令人唏噓！

另外，印象中還有一位周伯伯，也住「成功村」；他與「克難村的周伯伯」，都是父親從「筧橋官校」到「岡山官校」的同事。「成功村的周伯伯」，很早就中風，而不良於行；事實上，我對他的印象十分模糊。

然而，從父親留下來的照片中，顯示「成功村的周伯伯」，在空軍官校應也負責照相的工作；所以，其中有：官校重要活動的照片、蔣公蒞校的照片……等，都是他的作品。而同樣的照片，後來我也在「空軍軍史館」中見到。

「成功村的周伯伯」中風後，美麗的周媽媽進官校當雇員，很受矚目。而父親過世前數月，還親自參加了「成功村的周伯伯」孩子的婚禮；父親回來直說：你們的周伯伯總算苦出頭了！

「成功村」旁，有一所「和平國小」；自從「成功村」拆後，圍籬大片地圍起這片土地，「和平國小」就彷彿孤單地聳立於一片荒煙蔓草中。「和平國小」廢校了嗎？亦或還存續著？我不知道！因為如今過年去祭拜父親，我已經不再繞進去了；更何況「高雄捷運」的「岡山機場」，也把路隔得更遙遠了！只是每回從高速公路的交流道，往下望看到廢墟，又教我想起這些人與事。

「成功村」的眷戶，有多少人住進「勵志新城」呢？「勵志新城」又留下多少眷村的第二代、第三代、第四代呢？而「勵志新城」又能留住多少往日的情懷呢？我想這可能也都是永遠的疑惑吧！

▲ 岡山空軍醫院新貌（原址為前「空軍訓練司令部」所在地）

防空洞

岡山眷村中，多數皆有防空洞；無論接收自日軍或後來所建。我們小時候，也在其他村子的防空洞玩過；但擁有最多記憶的——仍屬我家村子裡的防空洞。

以往走到「空醫院路」，彎進七十九巷，映入眼簾的——西面即是「空軍醫院」的圍牆；東面首棟建築離巷子較遠（是太平間）、第一棟建築近巷子（乃前有老榕樹的庫房）、第三棟與第二棟平行但較新（為醫院舊營房）。第三棟之後，即為一水泥鵝卵石所砌成的圓頂防空洞；防空洞南面即是「院內村」。

▲ 繆家三兄弟防空洞上合影

防空洞何時所築？我未考據；只記得自兒時有印象起，它就存在了！它曾是村中大哥哥，放鞭炮製造出爆炸聲，引來醫院輔導長責罵的地方；它也曾是院內人偷情的場所。因而，最常來防空洞巡視者，便是輔導長；甚至曾有一段時間，是早、中、晚各巡一次。我小時候經過防空洞，也曾被輔導長攔下詢問——有無可疑人士，進出過防空洞？

然而，對我而言，它是夏夜躺在圓頂看星星的大床；它也是中秋夜，提著燈籠探險的好去處；它更是小朋友白天玩捉迷藏，晚上點起蠟燭圍著說鬼故事的「恐怖屋」。因此，它充滿了我許許多多的兒時回憶。

防空洞的對面，是醫院圍牆再圍出一「L」型的空間，從堆煤球演進到堆煤炭的「煤場」；這些煤，是醫院燒熱水與開水，所使用的燃料。其旁為醫院的「中側門」，除了供醫院人士進出之用外；也是所有醫院的「往生者」，擡送「太平間」的門戶。小時候，只要站在防空洞頂，看到醫院抬出「往生者」，我們就會趕快跑回家裡去，不敢看那一程。

雨季時，防空洞會積水，甚至淹沒洞口，宛如一座池塘（水深可淹死成人）；往往水中還會有魚現蹤。積水久久才退；水退之後的泥濘，又要經過好一陣子，才會乾涸。

民國六十年代中期，防空洞改建為「禁閉室」；兩個貫穿的洞口，一個改為加了鐵欄杆的「鐵窗」，一個改為加鎖的門。我看曾過幽居其中，被理光頭的士兵，穿過鐵窗的呆滯、哀傷與憤怒的眼神。

後來，隨著營房遷建入醫院圍牆內的另一角落後，防空洞與舊營房一併被棄置；防空洞又成為「院內村」第三代小朋友，遊戲玩耍的天堂。

眷村遷拆之前，有嫁為「岡山眷村媳婦」的退役女軍官，搶拍下岡山舊眷村拆毀前的最後風貌照片，放上她在網上的部落格；成為岡山眷戶與所有相關的單位，目前唯一可以流連及引用參考的資料。其中，「院內村」也被她網羅；但可惜的是——未拍到全貌（例如：我家夾在中間，剛好就是她前拍、後拍都截掉的部分）。

防空洞、舊營房、庫房，也都經她攝入鏡中，成為部落格中「院內村」的一部分；只是她誤以為「舊營房」是「太平間」。說真的，營房自從被廢之後，就像是「鬼屋」般；看了令人難過！

其實，庫房是更早期的營房，即使後來改為庫房，後段仍當做營房；一些未婚的外省籍老士官，在此從服役住到退役，又再住到過世。庫房幾乎成了他們來臺灣的家。舊營房建好啟用時，住庫房的老士官，都還未退役；舊營房遷走時，老士官已經凋零的差不多了！

這些人事變遷，唯有庫房前的老榕樹與防空洞，見證著時間的推演。如今「院內村」已經成為圍籬圍起的平地，防空洞還在嗎？我也還關心著。

▲ 繆家收藏的眷補證

領眷糧

「領眷糧」是眷村記憶中，不易被遺忘的記憶。小時候，我們每個孩子與母親，都各有一本屬於自己的「眷補證」，憑它每個月才有眷糧可領；並且，到醫院看病時，它也是我們的身分證明。

「眷補證」一年一換，並要貼照片；因此，我們從小的大頭照，就是因應「眷補證」而拍的。隨著年齡增長，而有「小口」、「中口」、「大口」之別；我們也都歷經這三個「階段」（就像讀幼稚園的「小班」、「中班」、「大班」一樣，依著年齡而升級）。唯有國中畢業後，若未繼續升學，「眷補證」才會停發；如果服役前，在國內升學至研究所，仍可申領到「眷補證」。這充分說明：國家不會照顧你一輩子；但國家願意照顧上進的軍眷子女，直到攻讀最高的學歷階層。

兒時，發眷糧的車隊人馬，進入村內，我就跟著母親去領眷糧；直至取消「發眷糧」改發代金的歲月中，我也從「小跟班」到「小幫手」，再到「獨立作業」，可說是見證了它的榮枯。

早年是牛車大隊載著油、鹽、米，進村發放；我們就拿著「眷補證」，提著油桶去領眷糧。米扛回家倒入米桶，米袋要還回；領油時可看到打油入桶的老伯，技術有多好！後來，大卡車取代牛車來發眷糧。米袋與鹽相同，改為塑膠袋不必再還米袋；油亦改為塑膠桶裝，不必自備油桶了！當然，也沒了打油入桶的「秀」，可以欣賞了！

隨著不同階段，眷糧也有過變化；例如我們曾經領過不同的「附屬品」，就有：「美援黃豆」、「美援麵粉」、「美援麥片」的不同。最早眷米是「蓬萊米」和「在來米」搭配著發；而越戰時期，我們領過「西貢米」；越南淪陷後，我們也領過一陣子「泰國米」。至於，油也是由「大豆油」到「沙拉油」；鹽亦是由「粗鹽」到「精鹽」。眷糧剛開始是由「聯勤」供應，後改為國防部發包統一採購。

父親說：「眷糧就是古代官吏的『薪』、『水』；發眷糧的制度，則是國軍延用清代的制度而已」；母親說：「發眷糧就像日據時期的『配給制度』，所差僅在眷糧不必再繳錢而已」；而我認為：「眷糧是國防部給我們的奶水」。

以往我們是聽牛鈴聲，家家戶戶準備油桶來到村前，排隊領眷糧；後來是聽大卡車的喇叭聲，出門領眷糧的。然而，唯一不變的就是——依「眷補證」上的米票、鹽票、油票剪下，按票發糧。

父親未退役前，「眷補證」換發就由醫院協助申辦；父親退役後，「眷補證」必須到鳳山「團管區」去辦理換發；父親過世一段時間後，「眷補證」改由「團管區」統一至各區辦理。例如：岡山地區就在「中山堂」，依官士兵不同，分日辦理換發；尤其，換發士官兵梯次，總是大排長龍，人潮擠爆「中山堂」。

最後，只要是未婚無工作而繼續升學至研究所博士班的子女，無論是否役畢、無論就讀國內外學校，皆可申領到「眷補證」；並且，以眷補實物代金，併入月俸或終身俸同步發放。至此，眷糧的實物發放制度，才正式走入歷史。

我從小吃「兵仔米」長大，是很懷念眷糧的味道；但我知道同輩中，是有很多人不喜歡的。後來，我細細想了——與其說我懷念那味道；倒不如說，事實上我所懷念的是那段「清貧而充滿鬥志的歲月」啊！

郭聖華／繪圖

往事如煙

淺談關於被保留老舊眷村的一點想法／繆正西

跋／心安之處，便是吾鄉／劉治萍

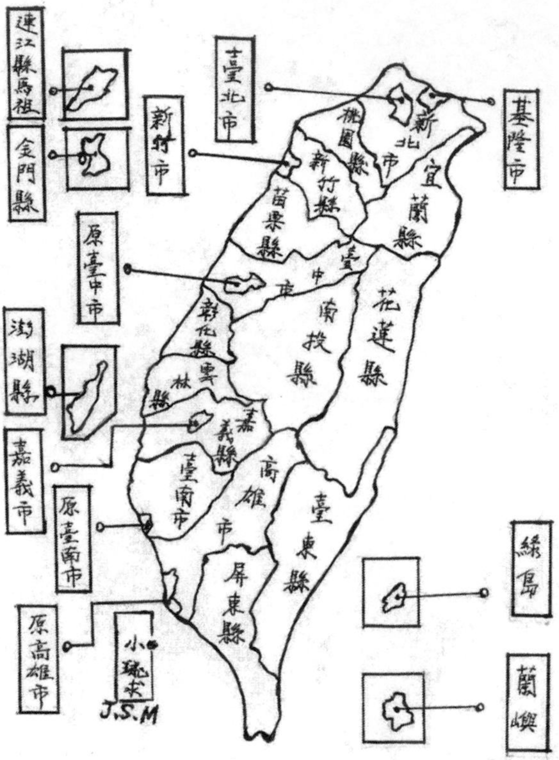

眷村保留後改稱	所在位置
信義區公民會館	台北市信義區
眷村文化園區	新北市三重區
眷村故事館	桃園縣龜山鄉
眷村博物館	新竹市東大路
眷村文化園區	臺南市水交社
眷村文化館	高雄市左營區
眷村文化園區	高雄市左營區
眷村文化園區	高雄市岡山區
眷村文化園區	高雄市鳳山區
眷村文化館	屏東市青島路
眷村文化園區	屏東市勝利、崇仁新村
眷村文化館	澎湖縣馬公島

▲ 臺灣各縣市與各地眷村文化園區簡表／繆正西繪製

淺談關於被保留老舊眷村的一點想法

在臺灣的國軍眷村，乃臺灣光復後才出現。而這些眷村，有些接收自日據時期的軍眷宿舍、公家宿舍，也有改建日軍舊軍營房舍、醫院或公有建物而來；其次，也包括國民政府從大陸撤退來臺，因陋就簡蓋起的「克難眷舍」，以及後來「婦聯會」、國防部分批興建的眷村。

隨著，臺灣各縣市政府的「都更」與國防部老舊眷村的改建，全臺原有的國軍眷村，如今所剩無幾；幸運的就是經縣市政府，以「古蹟」名義——全村或部分保留方式，整合開發為「眷村文化園區」、「公民會館」「眷村博物館」、「眷村故事館」等面貌，重新呈現於國人面前。

臺灣的國軍眷村，曾經是一個世代的生活印記；在臺灣社會變遷的歷史中，自有其重要地位，不容抹殺。依據中研院近史所研究員朱浤源的「現代眷村與眷屬學校的先例：一九五〇年代鳳山的黃埔新村與誠正國小」研究報告顯示——臺灣光復後，國民政府在臺的第一個國軍眷村，當屬高雄鳳山的「誠正新村」。

朱浤源的報告中，有兩證據：一是「民國三十七年開辦了陸軍總司令部附設誠正學校，在誠正新村南方」；另一則是《鳳山第一戶政事務所戶籍檔冊》中，「誠正新村居民學歷抽樣調查表」的記載時間為「民國三十六年至三十八年上半」（調查表中顯示：大專畢業占百分之三十二點六、高中與初中畢業占百分之四十八、小學程度百分之十三點一、無學歷者占百分之六點三；朱浤源認為，「誠正新村」可能是民國三十八年全臺教育水準最高的社區）。

「誠正新村」乃孫立人將軍，於國共內戰期間的民國三十六年，奉蔣中正總統之命，赴臺考察下的產物。

當時孫立人將軍考察全臺軍事設施後，選定原日軍「太平洋南進基地」舊址，成立「陸軍訓練司令部」，調集其「新一軍」數百名幹部來

▲ 誠正國小——黃埔新村的陸軍子弟學校

此訓練新兵，並組「新軍」；為了安置這些幹部的眷屬，孫立人將軍也就選定周邊原日軍所遺眷舍，設立「誠正新村」。

「誠正」之名的由來，據聞「孫立人極為重視軍眷屬的教育需求，現居黃埔新村的耆老回憶，孫立人在駐軍大陸貴州時首次辦學，校名即取為『誠正』」；孫立人將軍「到鳳山設立眷村時也同樣辦學，現還在黃埔新村內的誠正國小，校歌開頭第一句『創校黔山麓，繼起鳳山市』，仍清楚標示著淵源」。

民國三十八年國民政府遷臺，孫立人接任陸軍總司令兼臺灣防衛司令；他在鳳山訓練的新軍部隊，參與了金門古寧頭戰役。「古寧頭大捷」止住了國軍連敗的厄運，提升了國軍的士氣，保全了「臺、澎、金、馬」，也開啟了海峽兩岸對峙的新時代契機。

▲ 黃埔新村——政府遷臺的第一個國軍眷村

民國三十九年，遷臺的陸軍官校於鳳山復校，「誠正新村」則更名為「黃埔新村」。「黃埔新村」由於「規模宏大，空間紋理保存完整，建築型態與風貌具多樣性，區內植栽生態豐富，為台灣少數完整留存的日治時期軍事宿舍群」；獲得高雄市文化局「據此提報審議會登錄為文化景觀，獲與會委員全數通過」，可望成為「眷村文化園區」。

高雄市的眷村保存，目前除了「黃埔新村」外，還包括：左營海軍「明德新村」周邊、岡山空軍「樂群村」及鳳山前海軍「明德訓練班」周邊等，皆先後被指定為法定文化資產，而免遭眷改拆除的命運。

高雄市得天獨厚，「同時擁有陸、海、空三軍全軍種眷村，目前指定為法定文化資產而獲得保留的眷村面積已是全國最大」；但接下來，如何古蹟活化並做好維護工作，才是真正考驗的開端。

也許，臺北市保留聯勤的「四四南村」（民國三十七年十一月底，山東青島的「四四兵工廠」遷臺而設的眷村；全臺第二個眷村），改為「信義區公民會館」內設「眷村文物館」，並配

▲ 鳳山前海軍明德訓練班

合周邊開發成：有公園、咖啡廳的空間，是一個可以參考的做法。

其次，屏東縣政府除了把「將軍之屋」的前陸軍官校校長宿舍，整修開放；並也將屏東市的勝利及崇仁眷村保留了七十一棟的日式建築群，也整劃為「眷村文化園區」。其理想是：「初步規劃未來眷村文化園區內容有勝利路南、北美食文化、藝術家駐村、電影協拍場景提供、long-stay生活體驗或特色咖啡街等。將透過整合『眷舍』、『街道』及『老樹』的傳統地景空間整體規劃，建構成市中心完整的眷村文化園區」。

另外，澎湖馬公的「篤行十村」，原為日據時期「澎湖要塞司令部」與「澎湖島重砲兵大隊」的官舍群；最早期建築，始建於日本明治三十六年（西元一九〇三年）。光復後，改建為「澎湖防衛部」的軍官眷村，初名「將校眷

▲「明德訓練班」一景

舍」；並經增建、擴建，與「莒光新村」成為馬公的主要眷村聚落。民國九十五年十一月，因兼具融合國軍與原日軍兩時期的眷村文化，經公告為「澎湖縣歷史建築」保留區；後再規劃為「澎湖縣眷村文化園區」，開放供人參觀。

「篤行十村」整修開放的部分，包含有：「潘安邦舊居」（位於新復里一巷五號），以及巷頭「張雨生紀念館」；用以紀念兩位出生生長於此村的已故歌手。「澎湖縣政府斥資整修潘安邦先生的故居，並與當地藝術團體合作，將之規劃為藝術創作展覽區；庭院外並設置了潘安邦與外婆嬉戲的銅像，走近時還可聽到『外婆的澎湖灣』一曲不斷播放」。張雨生七歲之前住在此村，因此設「張雨生紀念館」，用以陳列他的手稿、樂譜，以及專輯、舞台劇等文物；館中有一面牆上貼了張雨生一生的大事年表、有一面則貼有剪報，紀錄著他過世前後的消息。

而名演員胡錦、趙舜也是同樣出身為篤行十村者；胡錦亦曾是此眷村內「篤行幼稚園」的學生。我相信，澎湖縣政府未來應該也會有所規劃吧！

「眷村文化園區」目前已是各縣市政府，面對眷村改建，保留部分具有歷史意義建築，而積極規劃活化轉型的觀光資產；屏東、澎湖兩地的做法，相信也應該可以提供給高雄市，有所思考、參考的價值吧！

期盼，高雄市鳳山、左營、岡山的「眷村文化園區」，不僅是全臺「同時擁有陸、海、空三軍全軍種眷村」的「眷村文化園區」，更是傲視全臺的「眷村文化園區」啊！

表一、老舊國軍眷村保留改建為眷村文化園區一覽表

所在縣市	原眷村或原建物名稱	保留後改稱	地址	改設園區日期
臺北市信義區	聯勤四四南村	信義區公民會館	莊敬、松勤路口	民國九十二年十月二十五日
新北市三重區	空軍三重一村	眷村文化園區	正義南路八六巷	擬議中
桃園縣龜山鄉	陸軍陸光三村自治會	眷村故事館	光峰路十禧社區旁	民國九十三年三月三日
新竹市	新竹市調查站	新竹眷村博物館	東大路二段一五〇號	民國九十一年十二月
臺南市水交社	水交社眷村群中八棟	眷村文化園區	南門路、西門路之間	擬議中
高雄市左營區	海軍海光三村診療室	眷村文化館	龜山巷一五七之二號	民國九十六年十二月二十日
高雄市左營區	海軍明德新村等	眷村文化園區	中正路、海富路間	擬議中
高雄市岡山區	空軍樂群村	眷村文化園區	忠孝路、樂群路間	擬議中
高雄市鳳山區	陸軍黃埔新村	眷村文化園區	中山東路	擬議中
屏東市	陸軍勝利新村	眷村文化館	青島路一〇六號	民國九十八年整修完畢開放

▲臺北市信義公民會館

屏東市	陸軍勝利新村五十棟 崇仁新村成功區二十一棟	眷村文化園區	勝利路、中山路、康定路、重慶路之間	擬議中
澎湖縣馬公島	陸軍篤行十村	眷村文化館	馬公市西側	民國一〇一年

製表／繆正西

表二、高雄市之鳳山、左營、岡山三區國軍眷村重要記事簡表

民國紀年	大事紀
民國三十四年	十月二十五日，國民政府接受日本投降，臺澎光復。
民國三十六年	陸軍副總司令兼陸軍訓練司令官孫立人，於鳳山勘查訓練新軍基地；並以接收自原日軍宿舍，設立「誠正新村」，以安置幹部家眷。 「高雄要塞司令部」興建「半屏山新村」，安置眷屬。
民國三十七年	孫立人開辦陸軍總司令部附設「誠正學校」，於「誠正新村」南方，解決陸眷子弟就學問題（該校係前身由孫立人將軍的夫人——張晶英女士，於民國二十八年創立於貴州都匀，命名為「陸軍新編第卅八師官兵子弟學校」，收容因戰火流離的孤兒及軍眷中的適齡兒童就讀；不久改名為「誠正小學」；民國三十七年隨國軍遷臺復校於現址）。

▲ 陸軍官校的「黃埔湖」

	五月二十九日，海軍首位攜眷入住原日軍宿舍（今明德新村三十四號）的軍官為李良驥。 十一月二十日，海軍首批入攜眷住左營原日軍宿舍（今明德新村）的軍官，計有：二十一號的李國堂少將、二十三號的史如州軍法上校、三十二號的宋謙、二十七號的李貞可輪機上校。 十二月，空軍官校遷岡山；以接收自原日軍的野戰醫院、日軍宿舍、糖業株式會社宿舍，作為安置軍士官眷屬的棲身之地，形成岡山空軍眷村的雛型。
民國三十八年	海軍第一軍區服務大隊長鍾姓中校，奉命率士官兵緊急搶修原日軍宿舍（今明德、建業兩村），以應大批海軍眷屬撤遷左營居住之用。 海軍子弟學校由南京遷來左營；校長安世琪，於「桃子園」，將原日據時期的海軍舊庫房，改為校舍。經兩年時間，先小學後初中而次第成立；成為當時全國首創「九年一貫」的學校。 國民政府三軍主力撤遷臺灣，鳳山、左營、岡山分別成為陸軍、海軍、空軍最重要的基地，大量軍眷亦湧入；除入住原日軍宿舍外，也搭建「克難眷村」以應棲身之急。 空軍以岡山原日軍高階軍官宿舍，設立：醒村、樂群村、勵志村等三村，安置空軍高級軍職人員與飛行員眷屬。 岡山介壽路上的「空軍司令部附設岡山子弟小學」設立；接著在岡山二高的「空軍總部附設二高小學」，也於五月設立。
民國三十九年	陸軍官校遷鳳山，「誠正新村」更名「黃埔新村」。 「婦聯會」開始募款，於全臺各地興建國軍眷村。
民國四十年	「海軍子弟學校」的初中部，立案為「私立海青初級中學」。

民國四十一年	四月，馬紀壯接任海軍總司令，奉令遷海軍總部至臺北大直現址；左營明德新村一號「總司令官邸」改為「海軍總司令明德賓館」。
民國四十七年	二月，「誠正學校」初中部歸屬於高雄縣立鳳山中學；國小部歸高雄縣政府接辦，定名為高雄縣鳳山鎮誠正國民學校。
民國五十五年	為配合九年國民義務教育的規劃，「空軍司令部附設岡山子弟小學」，於八月一日改隸高雄縣政府，更名為「高雄縣立兆湘國民學校」。 左營「海軍子弟學校」的初小與高小部，於八月一日正式移交高雄市政府接辦；並遷址於左營大路二之二號（占地二八一九九平方公尺）的現址，更名為「永清國民學校」，以紀念創始人故海軍總司令桂永清。
民國五十六年	八月一日「空軍總部附設二高小學」，亦改隸高雄縣政府，更名為「高雄縣立覓橋國民學校」。
民國五十七年	「九年國教」實施，左營「海青」被徵為「代用國中」（校長安世琪卸任，由楊勃繼任）。 海軍左營全二層洋房式眷舍——「莒光新村」落成；不同於一般國軍眷村，該村土地歸住戶私人所有，每戶以新臺幣八萬塊購得。
民國五十八年	八月一日，全面實施九年國民義務教育後，全國「國民學校」一律更名為「國民小學」。
民國六十年	大約在民國六〇年代，由於「漢翔飛機公司」欲設立於崗德村的所在地；崗德村就全村遷往曉風新村，成為空軍於岡山第一個廢村的眷村。
民國六十一年	左營「海青中學」，奉准擴辦高中部。
民國六十二年	左營「海青中學」，增設高職部。

民國六十三年	左營「海青中學」，增設高職夜間部，並更名為「私立海青高級工商職業學校」。
民國七十年	八月一日，「海青工商」改制市立，由高雄市政府接辦後，「海軍子弟學校」至此，才可謂真正走進歷史，劃下了海軍辦學的休止符。
民國七十四年	左營的「果貿新村」，改建的「果貿國宅」完工，成為高雄市第一批，且規模最大的國宅。 夏天，李祐寧導演在岡山健鷹村，拍攝了電影「竹籬笆外的春天」一片。
民國八十五年	十月，左營勝利新村、四十四和村眷戶遷入翠峰國宅社區。
民國八十九年	二月，左營創造新村、海光二村眷戶遷入翠華一期國宅社區。
民國九十一年	三月十九日，內政部通過岡山勵志村全村改建。 六月三十日，岡山勵志村眷戶陳情，希望全村保留。 八月一日，行政院臺防字第0910003891 4號函，核定岡山樂群村不拆遷，全村保留。
民國九十二年	六月三十日，岡山「筧橋國小」吹起熄燈號，改為公辦民營的「高雄縣沐恩之家和平家園」，令人不勝唏噓！
民國九十三年	八至九月間，「高雄市立博物館」展覽組長郭吉清，「上窮碧落下黃泉」辛苦進行套合地籍圖工作，初步發現左營「自助新村三七六號住處全部、三七八號住處部分土地，為舊城西門城址」。 十月十二日，高雄市立博物館為展覽組長郭吉清發現西門城址，辦理「發現西門——為鳳山縣舊城西門定址」活動。 十二月一日，郭吉清與楊玉姿教授等人，至「海青商工」探查校園內殘存的花崗石石條，確定當年他任教此校時，所見的石條即係原西門城門的石材。

民國九十五年	五月十二日，高雄縣政府發給勵志新城甲區（地上十三層，地下兩層十六幢，計二十九棟一三四四戶）使用執照（乙區二十棟一〇八〇戶，約同時），確定岡山眷村眷戶全部遷居。
民國九十六年	岡山國軍眷村全面拆除。
民國九十七年	五月十日，位於岡山鎮國軍眷村內的欣欣市場，因周遭眷村都已拆遷，軍方欲收回土地，發包強制拆除有五十年歷史的市場。攤販為維生計不願搬遷，以致扶老攜幼約百餘人於市場外集結，要求軍方出面協調，並擋住進行拆除的怪手；甚至用蔬菜丟擲警方。經警方勸導，才讓事端未擴大；國民黨籍立法委員林益世表示，已與軍方取得默契，目前暫不拆除市場，然日後將以個案協調處理。 九月十四日，岡山勵志村眷戶邱東河（曾任岡山鎮民代表）抗爭，狀告國防部前部長李傑，成為村中唯一的「釘子戶」。
民國九十八年	六月二十三日，內政部審查通過「高雄縣市合併改制直轄市」案。七月二日，行政院正式通過高雄縣市合併改制。 七月三十日，監察院以九十八年日（98）院台國字第0982100203號函糾正——「國防部及所屬機關於民國七十九年至八十三年間辦理高雄縣大寮鄉商協、果協、嘉新、宣武新村等四處眷村整村整建，未經縝密規劃及妥適執行，任令眷戶投入鉅資拆除重建並擴充建築規模等違失，爰依法糾正案。」
民國九十九年	十二月二十五日，高雄市與高雄縣合併改制（鳳山、大寮、岡山等鄉鎮併入高雄市）。
民國一〇二年	六月，高雄市政府以保存「文化景觀」，保留鳳山「黃埔新村」（原「誠正新村」），使其免拆。

民國一〇三年	二月，國防部核定左營明德新村，全村保留，作為眷村文化保留區。 三月十五日，拆除左營自助新村，挖出鳳山縣舊城西門地基與城牆段落；高雄市文化局表示將持續開挖，未來試圖復舊，重現舊城風貌。

製表／繆正西

跋——心安之處，便是吾鄉

眷村的拆除刺痛了我的鄉愁！於是，民國九十八年寫碩士論文時，為了紓解巨大的心頭壓力，而偷偷零星寫就了六篇：〈長巷〉、〈小院〉、〈麵疙瘩〉、〈槓子頭〉、〈澡盆船〉、〈浴缸裡的小老鼠〉；到了寫〈星空下的晚餐〉，只寫了第一句「軍人出身的老爸，有時也是挺浪漫的」，就此擱置不前；當九十九年七月論文完成之後，又因健康情況欠佳，自然不敢再伏案勞形了！

我從未想過要出一本自己親手寫的書，更沒想到「眷村」竟是總結自己二十餘年來斷斷續續寫作的第一本集子；一切都是緣分吧！而一〇一年九月意外連繫上寫作路上「亦師亦友」的啟蒙老師——繆博士，闊別重逢我向他提起這個心願；竟就觸撥了大塊揮灑，恣意抒發的憶舊心弦。

在繆博士不斷地鼓勵和建議閱賞一些啟發寫作靈感的書籍、影片之下，這些原名為「眷村子弟」的篇章，才起死回生地接續完成。原以為只寫七、八千字便可完成，再去試投「文學獎」的徵文比賽；誰知，澎湃難以自抑的情愁，竟寫成了三萬多字的作品，我自己也真的嚇了一大跳！

我感恩一切過往的人、事、物，也珍惜現有的朋友和家人。寫作期間，我很慚愧冷落了外子，讓他在「電視褓姆」前，安靜無聲地過了無數個孤單的周休。其次，與聖華學妹的意外結識，也是讓這本集子美麗呈現的重要因緣。

學妹出身彰化師大美術系，擁有：亦中、亦西、能文、能畫、能設計的多樣才華，讓我深自激賞讚歎！由於兒時拍攝留存的照片並不多，為免無法呈現五十年前的眷村風貌；我特邀她幫忙插畫、繪圖。沒想到她熬夜加班、絞盡腦汁，努力為讀者呈獻出美麗的驚喜，這也是我必須深深感激的。

至於，熬夜為我修稿、潤稿的繆博士；最後，還體恤的「跳出來」，添寫空眷〈夢憶岡山〉二十六篇、海眷〈左營浮光〉七篇，及附錄〈往事如煙〉，完成了本書的問世。而這一切，只為了不讓我因應出版社再增字數的要求，繼續邊寫邊哭，而傷了身心。這分盛情，我亦銘記心頭！

▲「俯仰無愧、吾愛吾村」的原眷村標語

我更要感謝陳興國將軍辛苦從中聯繫，才能商請到高齡的許歷農將軍，執筆為本書寫序；這對我們三人而言，無非是最大的鼓勵與肯定！而秀威資訊科技公司的廖妘甄小姐、唐澄暐先生、陳佳怡小姐先後審稿的鼓勵，以及圖文排版的楊家齊先生、美編秦禎翊先生的協助，還有總經理宋政坤先生不計成本出版我們的這本書；在此出版業不景氣的氛圍中，讓我們感受到一股特別溫馨的暖流！

如果人生是一張打印之後，即無法退票和回程的單程車票；那麼，當一站、一站地經歷——哭過也笑過的生命中，也許就只能寬慰自己：此心安處，便是吾鄉；母親在哪裡，故鄉就在那裡。心安居在此，時日長了、久了，這兒就是我的第二故鄉了。

最後，再容我感謝：馮聲福先生、張興華小姐、鄒敦怜小姐、曾惠群先生、王思謙先生、陳曉舜先生、張慶安先生、王秀琴小姐、沈大鈞先生、齊俊安先生、陳君萍小姐……等人的協助，才使本書能夠完美地出版；謝謝！

劉治萍　寫於新北市　蘆洲

釀文學167　PG1194

竹籬、長巷與麵疙瘩
——高雄三軍眷村憶往

作　　者　劉治萍、繆正西
繪圖攝影　郭聖華
責任編輯　陳佳怡
圖文排版　楊家齊
封面設計　秦禎翊、郭聖華

出版策劃　釀出版
製作發行　秀威資訊科技股份有限公司
114 台北市內湖區瑞光路76巷65號1樓
電話：+886-2-2796-3638　傳真：+886-2-2796-1377
服務信箱：service@showwe.com.tw
http://www.showwe.com.tw
郵政劃撥　19563868　戶名：秀威資訊科技股份有限公司
展售門市　國家書店【松江門市】
104 台北市中山區松江路209號1樓
電話：+886-2-2518-0207　傳真：+886-2-2518-0778
網路訂購　秀威網路書店：http://www.bodbooks.com.tw
國家網路書店：http://www.govbooks.com.tw
法律顧問　毛國樑　律師
總 經 銷　聯合發行股份有限公司
231新北市新店區寶橋路235巷6弄6號4F
電話：+886-2-2917-8022　傳真：+886-2-2915-6275

出版日期　2014年8月　BOD一版
定　　價　300元

Printed in Taiwan

國家圖書館出版品預行編目

竹籬、長巷與麵疙瘩：高雄三軍眷村憶往 / 劉治萍, 繆正西合著, 郭聖華繪圖. -- 一版. -- 臺北市：釀出版, 2014.08
面； 公分. -- (語言文學類；PG1194)
BOD版
ISBN 978-986-5696-29-0 (平裝)

1. 眷村 2. 高雄市

545.4933 103012232

讀者回函卡

感謝您購買本書，為提升服務品質，請填妥以下資料，將讀者回函卡直接寄回或傳真本公司，收到您的寶貴意見後，我們會收藏記錄及檢討，謝謝！如您需要了解本公司最新出版書目、購書優惠或企劃活動，歡迎您上網查詢或下載相關資料：http:// www.showwe.com.tw

您購買的書名：＿＿＿＿＿＿＿＿＿＿＿＿＿＿＿＿＿＿＿＿

出生日期：＿＿＿＿＿年＿＿＿＿＿月＿＿＿＿＿日

學歷：□高中（含）以下　□大專　□研究所（含）以上

職業：□製造業　□金融業　□資訊業　□軍警　□傳播業　□自由業

□服務業　□公務員　□教職　□學生　□家管　□其它＿＿＿

購書地點：□網路書店　□實體書店　□書展　□郵購　□贈閱　□其他

您從何得知本書的消息？

□網路書店　□實體書店　□網路搜尋　□電子報　□書訊　□雜誌

□傳播媒體　□親友推薦　□網站推薦　□部落格　□其他＿＿＿＿＿

您對本書的評價：（請填代號　1.非常滿意　2.滿意　3.尚可　4.再改進）

封面設計＿＿　版面編排＿＿　內容＿＿　文／譯筆＿＿　價格＿＿

讀完書後您覺得：

□很有收穫　□有收穫　□收穫不多　□沒收穫

對我們的建議：＿＿＿＿＿＿＿＿＿＿＿＿＿＿＿＿＿＿＿＿

＿＿＿＿＿＿＿＿＿＿＿＿＿＿＿＿＿＿＿＿＿＿＿＿＿＿＿

＿＿＿＿＿＿＿＿＿＿＿＿＿＿＿＿＿＿＿＿＿＿＿＿＿＿＿

＿＿＿＿＿＿＿＿＿＿＿＿＿＿＿＿＿＿＿＿＿＿＿＿＿＿＿

請貼
郵票

11466
台北市內湖區瑞光路 76 巷 65 號 1 樓
秀威資訊科技股份有限公司 收
BOD 數位出版事業部

(請沿線對折寄回，謝謝！)

姓　名：＿＿＿＿＿＿＿＿　年齡：＿＿＿＿　性別：□女　□男

郵遞區號：□□□□□

地　址：＿＿＿＿＿＿＿＿＿＿＿＿＿＿＿＿

聯絡電話：(日)＿＿＿＿＿＿＿＿(夜)＿＿＿＿＿＿＿＿

E-mail：＿＿＿＿＿＿＿＿＿＿＿＿＿＿＿＿